BuddhAll

BuddhAll.

All is Buddha.

BuddhAll

佛法常行經典系列④

小品般若波羅蜜經

佛法常行經典的出版因緣

佛法常行經典是承繼著佛菩薩經典及三昧禪法經典之後，再編輯的一套佛經系列，希望與前述的兩套經典一般，能夠帶給大眾佛法的甚深喜樂。

常行經典的編輯有兩個方向：一是普遍，本系列所選編的經典是全體佛教或各宗派中，必備的常用經典。二是精要，這些選編的經典不只普遍，而且涵蓋大乘佛法的各系精要，是每一位佛教徒都應該仔細研讀的根本經典。因此，我們除了有些常行經典，如《金剛經》、《心經》、《維摩詰經》等等，已在其他系列中編出，以及部份經典如《華嚴經》、《大寶積經》等，本身可以單獨成套之外，大都匯集於此處出版。

另外，這一套經典的產生，也可以說是教界大德與讀者催生的結果。因為我們開始推出一連串的經典系列，原本是為了推廣佛經閱讀、修持的新運動，希望使佛經成為我們人間生活的指導書，而不只是課誦本而已，並且圓滿「生活即佛經，佛經即生活」的目標。我們認為在這機緣的推動之下，以前可能只有百人完整閱讀過的佛經，會變成千人，乃至萬人閱讀，並使經典成為生活中的內容。而且在我們的編輯策劃下，當一個人他想要依止一位佛、菩薩或一類法門修持時，他只要隨時攜帶一本編纂完成的經典，就可以依教奉行。如果這種方式推廣成功的話，實在是一場閱讀與修行的革命，能使生活與佛法完整的結合。因此，雖然大眾十分訝異於我們竟然有勇氣去推動這麼艱難的工作，但是我們的心中只有歡喜。

也因為這樣的理念，剛開始時，許多常行的流通經典，並沒有列為第一波出版計劃。但是教界大德與讀者們，卻十分期望看到我們編輯這些常行經典的成果，並且能再予普遍推廣。對於他們的肯定，我們心中十分感激，並且從命編出。

正如同《法華經》中所宣說的：偉大的佛陀是以一大事因緣出現於世間，這一大事因緣就是要使眾生開、示、悟、入佛陀的知見。也就是說：佛陀出現於世間的真正目的，就是要我們具足佛陀的智慧，與他一樣成為圓滿的大覺如來。佛陀的大慈大悲深深的感動著我們，也讓我們在半夜之中觀空感泣。佛陀的大願，是那麼廣大，微小的我們要如何去圓滿佛陀的心願呢？現在我們只有用微薄的力量將具足佛陀微妙心語的經典編輯出來，供養給十方諸佛及所有的大德、大眾。

佛法常行經集共編輯成十本，這些經典的名稱如下：

一、妙法蓮華經、無量義經

二、悲華經

三、大乘本生心地觀經、勝鬘師子吼一乘大方便方廣經、大方等如來藏經

四、小品般若波羅蜜經

五、金光明經、金光明最勝王經

六、楞伽阿跋多羅寶經、入楞伽經

七、大佛頂如來密因修證了義諸菩薩萬行首楞嚴經

八、解深密經、大乘密嚴經

九、大毘盧遮那成佛神變加持經

十、金剛頂一切如來真實攝大乘現證大教王經、金剛頂瑜珈中略出念誦經

我們深深期望透過這些經典的導引，讓我們悟入無盡的佛智，得到永遠的幸福光明。

南無　本師釋迦牟尼佛

凡例

一、關於本系列經典的選取，以能彰顯全體佛教或各宗派中，常用必備的經典為主，期使讀者能迅速了解大乘佛法的精要。

二、本系列經典係以日本《大正新修大藏經》（以下簡稱《大藏經》）為底本，而以宋版《磧砂大藏經》（新文豐出版社所出版的影印本，以下簡稱《磧砂藏》）為校勘本，並輔以明版《嘉興正續大藏經》與《大正藏》本身所作之校勘，作為本系列經典之校勘依據。

三、《大藏經》有字誤或文意不順者，本系列經典校勘後，以下列符號表示之：

㈠改正單字者，在改正字的右上方，以「*」符號表示之。如《大乘本生心地觀經》卷一〈序品第一〉之中：

披精進甲報智慧劍，破魔軍衆而擊法鼓《大正藏》

披精進甲執智慧劍，破魔軍衆而擊法鼓《磧砂藏》

校勘改作為：

披精進甲*執智慧劍，破魔軍衆而擊法鼓《大正藏》

(二)改正二字以上者，在改正之最初字的右上方，以「*」符號表示之；並在改正之最末字的右下方，以「☆」符號表示之。

如《小品般若波羅蜜經》卷五〈小如品第十二〉之中：

我等要當令母久壽，身體安隱，無諸苦患、風雨寒熱、蚊䖟毒螫？《大正藏》

我等云何令母久壽，身體安隱，無諸苦患、風雨寒熱、蚊䖟毒螫？《磧砂藏》

校勘改作為：

我等*云何☆令母久壽，身體安隱，無諸苦患、風雨寒熱、蚊䖟毒螫？

四、《大正藏》中有增衍者，本系列經典校勘刪除後，以「①」符號表示之；其中圓圈內之數目，代表刪除之字數。

如《小品般若波羅蜜經》卷三〈泥犁品第八〉之中：

般若波羅蜜力故，五波羅蜜得般若波羅蜜名《大正藏》

般若波羅蜜力故，五波羅蜜得波羅蜜名《磧砂藏》

校勘改作為：

般若波羅蜜力故，五波羅蜜得②波羅蜜名

五、《大正藏》中有脫落者，本系列經典校勘後，以下列符號表示之：

㈠脫落補入單字者，在補入字的右上方，以「⊙」符號表示之。如《解深密經》卷二〈無自性相品第五〉之中：

未熟相續能令成熟《大正藏》

未成熟相續能令成熟《磧砂藏》

校勘改作為：

未⊙成熟相續能令成熟

㈡脫落補入二字以上者，在補入之最初字的右上方，以「⊙」符號表示之，並在補入之最末字的右下方，以「☆」符號表示之。

如《悲華經》卷四〈諸菩薩本授記品第四之二〉之中：

以見我故，寒所有眾生悉得煴樂《大正藏》

以見我故，寒冰地獄所有眾生悉得煴樂《磧砂藏》

校勘改作為：

以見我故，寒◎冰地獄☆所有眾生悉得煴樂

六、本系列經典依校勘之原則，而無法以前面之各種校勘符號表示清楚者，則以「㊟」表示之，並在經文之後作說明。

七、《大正藏》中，凡不影響經義之正俗字（如：恆、恒）、通用字（如：蓮「華」、蓮「花」）、譯音字（如：目「犍」連、目「乾」連）等彼此不一者，本系列經典均不作改動或校勘。

八、《大正藏》中，凡現代不慣用的古字，本系列經典則以教育部所頒行的常用字取代之（如：讚→讚），而不再詳以對照表說明。

九、凡《大正藏》經文內本有的小字夾註者，本系列經典均以小字雙行表示之。

十、凡《大正藏》經文內之呪語，其斷句以空格來表示。若原文上有斷句序號而未空格時，則本系列經典均於序號之下，加空一格；但若作校勘而有增補空格或刪除原文之空格時，則仍以「◎」、「①」符號校勘之。又原文若無序號亦未斷句者，則維持原樣。

十一、本系列經典之經文，採用中明字體，而其中之偈頌、呪語及願文等，皆採用正楷字體。另若有序文、跋或作註釋說明時，則採用仿宋字體。

十二、本系列經典所作之標點、分段及校勘等，以儘量順於經義為原則，來方便讀者之閱讀。

十三、標點方面，自本系列經典起，表示時間的名詞（或副詞），如：時、爾時等，以不逗開為原則。

小品般若波羅蜜經序

《小品般若經》即梵本《八千頌般若經》的漢譯，共有十卷相當於《大般若經》第四分。梵名Aṣṭasāhasrikā-prajñāpāramitā，中文原譯名為《摩訶般若波羅蜜經》，為與同名的《大品般若經》（即梵本《二萬五千頌般若經》的漢譯）有所區別，而將之稱為《小品摩訶般若波羅蜜經》，簡稱為《小品般若波羅蜜經》，也稱為《小品經》。

本經是後秦鳩摩羅什所譯，據其弟子僧叡的序文所述，是自弘始十年（西元四〇八）二月六日至同年四月三十日間所譯。關於本經之異譯，一般傳述有如下所列之十二種，據稱是七存五缺：

㈠道行經，共一卷，後漢熹平元年（光和二年以前）竺佛朔譯，已缺失。

㈡道行般若經，共十卷，後漢光和二年支婁迦讖譯，現存。

㈢大明度經，共六卷，吳黃武年間支謙譯，現存。
㈣吳品經，共五卷，吳太元元年前後康僧會譯，已缺。
㈤更出小品經，共七卷，西晉泰始八年竺法護譯，已缺。
㈥摩訶般若波羅蜜道行經，共二卷，晉惠帝時衛士度譯，已缺。
㈦大智度經，共四卷，東晉祇多密譯，已缺。
㈧摩訶般若波羅蜜經鈔，共五卷，符秦建元十八年曇摩蜱、竺佛念譯，現存。
㈨摩訶般若波羅蜜經，共十卷，姚秦弘始年鳩摩羅什譯，現存。
㈩大般若波羅蜜多經第四，共十八卷，唐顯慶五年龍朔三年玄奘譯，現存。
⑾佛母出生三法藏般若波羅蜜多心經，共二十五卷，宋太宗時施護譯，現存。
⑿佛母寶德藏般若波羅蜜經，共三卷，宋太宗時施護譯，現存。

在這些經典中，關於第二經應否屬於《小品般若經》尚待商榷，第八經為漢譯本的節略。第十二經是將《小品般若》的經意以偈頌形式表現，和其餘各異譯本有很大的不同。至於現存七譯中羅什譯以前三譯的譯時及譯者，學者間雖然有不同的說法。但現在是依據《出三藏記集》、《歷代三寶紀》等古說所傳。

本經在中國佛教史上自翻譯初期至末期為止，著名的翻譯家都曾經從事過翻譯，僅以此點亦可窺知，本經在中國是和印度一樣，都十分受到重視。竺佛朔之譯出《道行經》，在中國佛教史上，稱為大乘經典翻譯的嚆矢，道安曾為此經撰寫書序及註釋。所以中國對經典的製序及註經也是以本經為開端。相當於本經的梵本已被發現，題為「Aṣṭasāhasrika-prajñāpāramitā」《大品般若頌》於一八八八年由密多羅（Mitra）氏在印度加爾各答出版。此外尚有師子賢（Haribhadra）為本經所釋的梵文本也被發現。

弘始十年（A.D.408）經由羅什譯出本經，弟子僧叡予以製序，其中僧叡說：「法華鏡本以凝照，般若末冥以解懸」，並說：「是以法華般若，相待以期終」等，由此觀之，僧叡視本經與《法華經》為同等地位。羅什門下的道生，所作的「義疏」，也為世所重視。本經之內容本與《大品般若經》大致相同，但是一般研究般若思想均以《大品般若經》為主，故對本經的註疏不太重視。但是在宋代有法業、法智、慧亮、曇斌等人，以及南齊的慧基、曇斐、智稱等，都曾弘揚本經。然而，上述諸人仍是以「大品般若」為主要的傾向。所以他們講述本經，但並沒有特別予以發揚。西元一九一四年華利賽（Walleser）氏從密多羅（Mitra）氏出版的梵文本中將一、二、八、九、一三、一五、一六、一八、一九、二二、二七等十一品譯成德文，並附上關於般若經典的評論，而以「Prajñā-pāramitā」為名出版。是西洋學界首先直接介紹本經的部分內容，有其特別的重要性。

本經如同經題所稱為《般若波羅蜜經》是以開示般若波羅蜜為其根本的要旨。般若（prajna）譯為智慧，與經驗性的知識（Vijñāna）全然不同，是屬於實證體驗的直觀智慧。波羅蜜（pāramitā）譯為「到彼岸」，是指般若智慧之究竟狀態。而般若智慧的內容，一言以故之就是「空」（sunyata）。因此本經的內容在主觀上是以般若，在客觀上則以空為其根本的立場。就此而言，本經與其餘般若經典，均立足於大乘佛教的根本思想上。全經二十九品所闡述的無非是般若與空，及體證般若與空的實際方法。以下敘述各品之梗概及其內容。

第一卷《初品第一》：佛於耆闍崛山，與千二百五十大阿羅漢俱，命空行第一的須菩提說般若波羅蜜。須菩提乃承佛神力而說般若波羅蜜。特以體達五蘊皆空名為菩薩諸法無受三昧，謂依此可得阿耨多羅三藐三菩提。《釋提恒因品第二》：當時，釋提桓因等在會諸天聽聞如上說法，因釋提桓因之請，須菩提乃繼續說法。將此色即是空，空即是色的奧義完全的闡揚而出。

第二卷〈寶塔品第三〉：佛說本身於燃燈佛時之本生。並宣說如是般若波羅蜜的經典，同時力說應尊敬、供養舍利、塔。〈大明呪品第四〉：佛向釋提桓因說明般若波羅蜜是大明咒，是無上咒，並說其種種利益。並明示六波羅蜜中般若波羅蜜為最勝事。〈舍利品第五〉：因釋提桓因而宣說般若波羅蜜經的尊敬仰信及舍利供養。

第三卷〈佐助品第六〉：接續前品，佛更強調書寫讀誦般若經典的功德，同時說明以五蘊無常之小乘教義所談的為相似般若波羅蜜，以大乘之空觀謂之為般若波羅蜜。〈迴向品第七〉：為須菩提、彌勒說迴向隨喜亦空，而必須以此作根基。，並明取相分別的迴向是有所得者，是「諸佛不許」的。〈泥犁品第八〉：讚嘆舍利弗般若波羅蜜之德後，佛向須菩提說誹謗般若波羅蜜拒逆者墮於地獄。最後謂五蘊及薩婆若為無二無異。

第四卷〈歎淨品第九〉：舍利弗歎五蘊畢竟清淨後，須菩提更述說不著取相，顯示空義。且般若行者的菩薩說：「為度一切眾生故發大莊嚴」。並開示《般若經》讀誦的時日，及三轉法輪畢竟無轉。〈不可思議品第十〉：信解般若波羅蜜者為阿毘跋致，必得授記，以無分別五蘊、十力等之不可思議，謂為行般若波羅蜜。本品最後部分，佛預言本經之流傳。

第五卷〈魔事品第十一〉：明示於般若修行時之種種魔事。〈小如品第十二〉：以於母病之時，眾子憂心為喻，敘說十方諸佛皆念如其母般之般若波羅蜜，佛更向須菩提說般若如實知世間一切諸法。〈相無相品第十三〉：說諸法恰如虛空，無作相，為常住不變。〈船喻品第十四〉：喻如於大海中船難而破，又不能抓到木板浮囊而溺斃，菩薩亦同，如不能得般若波羅蜜，即退沒於中道而墮於二乘。

第六卷〈大如品第十五〉：示諸法甚深不來不去，一如不可得無障礙之旨，並說因般若力可不墮於二乘，最後說明「如是三乘如中無差別」，從中可見到大乘一佛乘之思想。〈阿惟越致相品第十六〉：廣明阿惟越致相。其中說及，若惡魔化作沙門，至菩薩所，指著般若波羅蜜的教說曰：「汝所聞者非佛所說，皆是文飾莊校之辭，我所說經真是佛語」，以此誑惑，而菩薩亦不為所動者，即為阿惟越致菩薩。

第七卷〈深功德品第十七〉：佛向須菩提說阿惟致菩薩之甚深功德相本經所說之功德，常是經由空義所連貫。且於本品中曰：「如來所說無盡無量，空無相、無作、無起、無生、無滅、無所有、無染涅槃，但以名字方便故說」。此更可視為所謂言教二諦說的源流吧。〈恒伽提婆品第十八〉說明佛授記恒伽提婆女當來世成佛的因由，並為須菩提詳說空三昧之義。〈阿惟越致覺魔品第十九〉：

明示阿惟越致菩薩相及其魔事。

第八卷〈深心求菩提品第二十〉：強調六波羅蜜之行，更特別敘述般若波羅蜜之相。〈恭敬菩薩品第二十一〉：言菩薩若離般若波羅蜜，惡魔遂得其便，菩薩對眾生謙下，更能使眾生起恭敬之心。並列舉學習菩薩薩婆若之諸種利益。〈無慳煩惱品第二十二〉：說明學習般若波羅蜜者，則不生煩惱心、慳心、破戒心、瞋惱心、懈怠心、散亂心、愚痴心等，並說般若是大利事。

第九卷〈稱揚菩薩品第二十三〉：說明菩薩行般若波羅蜜時，為諸佛所護念，當知是菩薩即為阿毘跋致，並說菩薩成就觀一切法空，及不捨眾生之二法；又說菩薩成就隨說能行，和為諸佛所念之二法，以及學般若成就四功德之菩薩為十方諸佛讚歎其名。〈囑累品第二十四〉：敘述了因學習般若波羅蜜而至阿毘跋致，住於薩婆若等事後，佛以此般若囑累於阿難。〈見阿閦佛品第二十五〉：因以佛神力使大眾觀見住於阿閦佛國之佛及其法會，更強了般若空的深理。〈隨知品第二十六〉：續引前品，明示般若空為無相且為廣大無邊。

第十卷〈薩陀波崙品第二十七〉：述說行般若波羅蜜而不惜身命，精進求道的薩陀波崙，即有名的常啼菩薩之求道故事。〈曇無竭品第二十八〉：續引前品之常啼菩薩終至衆香城的曇無竭菩薩處，記載常啼菩薩聽法而至體驗般若不可思議的境界。〈囑累品第二十九〉：最後佛以本經再付囑阿難，命阿難廣為宣教流布。

目錄

小品般若波羅蜜經

小品⊙般若☆經序

釋僧叡⊙撰

般若波羅蜜經者，窮理盡性之格言，菩薩成佛之弘軌也。軌不弘則不足以*寡群異、指其歸，性不盡則物何以登道場、成正覺？正覺之所以成，群異之所以一，何莫由斯道也！是以*累教慇懃，三撫以之頻發；功德疊校，九增以之屢至。如問相摽玄而玄其玄，幻品忘寄而忘其忘。道行坦其津，難問窮其源。隨喜忘趣以要終，照明不化以即玄。章雖三十，貫之者道；言雖十萬，倍之者行。行凝然後無生道足然後補處，及此而變一切智也。法華鏡本以凝照，般若冥末以解懸。解懸理趣，菩薩道也；凝照鏡本，告其終也。終而不泯，則歸途扶疎，有三實之跡；權應不夷，則亂緒紛綸，有惑趣之異。是以法華般若，相待以期終；方便實化，冥一以俟盡。論其窮理盡性，夷明萬行，則實不如照；取其大明真化，解本無三，則照不如實。是故歎深則般若之功重，美實則法華之用微。此經之尊，三撫三囑，未足惑也。

有秦太子者，寓跡儲宮，擬韻區外，翫味斯經，夢想增至，准悟大品，深知譯者之失。會聞*鳩摩羅法師，神授其文，真本猶存。以弘始十年二月六日，請令出之，至四月三十日，校正都訖。考之舊譯，真若荒田之稼，芸過其半，未詎多也！斯經正文凡有四種，是佛異時適化廣略之說也。其多者云有十萬偈，少者六百偈，此之大品乃是天竺之中品也。隨宜之言，復何必計其多少，議其煩簡耶！梵文雅質，案本譯之，於麗巧不足，樸正有餘矣！幸冀文悟之賢，略其華而幾其實也！

*小品☆般若波羅蜜經卷第一⑨

後秦龜茲國三藏鳩摩羅什譯

⊙小品般若波羅蜜經☆初品第一

如是我聞：一時，佛在王舍城耆闍崛山中，與大比丘僧千二百五十人俱，皆是阿羅漢，諸漏已盡如調象王，所作已辦捨於重擔，逮得己利盡諸有結，正智解脫心得自在，唯除阿難。

爾時佛告須菩提：「汝樂說者，為諸菩薩說所應成就般若波羅蜜。」

舍利弗即作是念：「須菩提自以力說？為承佛神力？」

須菩提知舍利弗心所念，語舍利弗言：「佛諸弟子敢有所說，皆是佛力。所以者何？佛所說法於中學者，能證諸法相。證已有所言說，皆與法相不相違背，以法相力故。」

爾時須菩提白佛言：「世尊！佛使我為諸菩薩說所應成就般若波羅蜜。世尊！所言菩薩菩薩者，何等法義是菩薩？我不見有法名為菩薩。世尊！我不見菩薩，不得菩薩，亦不見、不得般若波羅蜜，當教何等菩薩般若波羅蜜？若菩薩聞作是說，不驚、不怖、不沒、不退，如所說行，是名教菩薩般若波羅蜜。復次，世尊！菩薩行般若波羅蜜時，應如是學，不念是菩薩心。所以者何？是心非心，心相本淨故。」

爾時舍利弗語須菩提：「有此非心心不？」

須菩提語舍利弗：「非心心可得若有若無不？」

舍利弗言：「不也。」

須菩提語舍利弗：「若非心心不可得有無者，應作是言有心、無心耶？」

舍利弗言：「何法為非心？」

須菩提言：「不壞、不分別，菩薩聞作是說，不驚、不怖、不沒、不退，當知是菩薩不離般若波羅蜜行。若善男子、善女人欲學聲聞地，當聞是般若波羅蜜，受持讀誦，如說修行。欲學辟支佛地，當聞是般若波羅蜜，受持讀誦，如說修行。欲學菩薩地，亦當聞是般若波羅蜜，受持讀誦，如說修行。所以者何？般若波羅蜜中廣說菩薩所應學法。」

須菩提白佛言：「世尊！我不得、不見菩薩，當教何等菩薩般若波羅蜜？世尊！我不見菩薩法來去，而與菩薩作字言，是菩薩我則疑悔。世尊！又菩薩字無決定，無住處。所以者何？是字無所有故，無所有亦無定無處。若菩薩聞是事，不驚、不怖、不沒、不退，當知是菩薩畢竟住不退轉地，住無所住。復次，世尊！菩薩行般若波羅蜜時，不應色中住，不應受、想、行、識中住。何以故？若住色中，為作色行；若住受、想、行、識中，為作識行。若行作法，則不能受般若波羅蜜，不能習般若波羅蜜。不具足般若波羅蜜，則不能成就薩婆若。何以故？色無受想，受、想、行、識無受想。若色無受則非色，受想行識無受則非識，般若波羅蜜亦無受。菩薩應如是學行般若波羅蜜，是名菩薩諸法無受三昧，廣大無量無定，一切聲聞、辟支佛所不能壞。何以故？是三昧不可以相得。若是三昧可以相得，先尼梵志於薩婆若智不應生信。先尼梵志以有量智入是法中，入已不受色，不受受、想、行、識。是梵志不以得*聞見是智，不以內色見是智，不以外色見是智，不以內外色見是智，亦不離內外色見是智；不以內受、想、行、識見是智，不以外受、想、行、識見是智，不以內外受、想、行、識見是智，亦不離內外受、想、行、識見是智。先尼梵志信解薩婆若智，以得諸法實相，故得解脫。得解脫已，於諸法中無取無捨，乃至涅槃亦無取無捨。世尊！是名菩薩般若波羅蜜不受色，不受受、想、行、識。雖不受色，不受受、想、行、識，未具足佛十力、四無所畏、十八不共法，終不中道而般涅槃。復次，世尊！菩薩行般若波羅蜜應如是思惟：『何等是般若波羅蜜？是誰般若波羅蜜？若法不可得是般若波羅蜜耶？』若菩薩作是思惟觀時，不驚、②不怖、不沒、不退，當知是菩薩不離般若波羅蜜行。」

爾時舍利弗語須菩提：「若色離色性，受、想、行、識離識性，般若波羅蜜離般若波羅蜜性者，何故說菩薩不離般若波羅蜜行？」

須菩提言：「如是！舍利弗！色離色性，受、想、行、識離識性，般若波羅蜜離般若波羅蜜性，是法皆離自性，性相亦離。」

舍利弗言：「若菩薩於是中學，能成就薩婆若耶？」

須菩提言：「如是！舍利弗！菩薩如是學者，能成就薩婆若。所以者何？一切法無生，無成就故。若菩薩如是行者，則近薩婆若。」

爾時須菩提語舍利弗言：「菩薩若行色行為行相，若生色行為行相，若滅色行為行相，若壞色行為行相，若空色行為行相，我行是行亦是行相；若行受、想、行、識行為行相，若生識行為行相，若滅識行為行相，若壞識行為行相，若空識行為行相，我行是行亦是行相，若作是念：『能如是行者，是行般若波羅蜜。』亦是行相。當知是菩薩未善知方便。」

舍利弗語須菩提：「今菩薩云何行名為行般若波羅蜜？」

須菩提言：「若菩薩不行色，不行色生，不行色滅，不行色壞，不行色空；不行受、想、行、識，不行識生，不行識滅，不行識壞，不行識空，是名行般若波羅蜜。不念行般若波羅蜜，不念不行，不念行不行，亦不念非行非不行，是名行般若波羅蜜。所以者何？一切法無受故。是名菩薩諸法無受三昧，廣大無量無定，一切聲聞、辟支佛所不能壞。菩薩行是三昧，疾得阿耨多羅三藐三菩提。」

須菩提承佛威神而作是言：「若菩薩行是三昧，不念不分別：『是三昧我當入，是三昧我今入，我已入。』無如是分別，當知是菩薩已從諸佛得受阿耨多羅三藐三菩提記。」

舍利弗語須菩提：「菩薩所行三昧得從諸佛受阿耨多羅三藐三菩提記，是三昧可得示不？」

須菩提言：「不也！舍利弗！何以故？善男子不分別是三昧。所以者何？三昧性無所有故。」

佛讚須菩提言：「善哉！善哉！我說汝於無諍三昧人中最為第一。如我所說，菩薩應如是學般若波羅蜜。若如是學者，是名學般若波羅蜜。」
舍利弗白佛言：「世尊！菩薩如是學為學何法？」
佛告舍利弗：「菩薩如是學，於法無所學。何以故？舍利弗！是諸法不爾，如凡夫所著。」
舍利弗白佛言：「世尊！今云何有？」
佛言：「如無所有如是有，如是諸法無所有故名無明。凡夫分別無明，貪著無明，墮於二邊，不知不見，於無法中憶想分別，貪著名色。因貪著故，於無所有法不知、不見、不出、不信、不住，是故墮在凡夫貪著數中。」
舍利弗白佛言：「世尊！菩薩如是學亦不學薩婆若？」
佛告舍利弗：「菩薩如是學亦不學薩婆若，如是學亦名學薩婆若，成就薩婆若。」
須菩提白佛言：「世尊！若有問幻人學薩婆若，當成就薩婆若不？世尊！我當云何答？」

「須菩提！我還問汝，隨⊙汝意答。於意云何？幻異色，色異幻，幻異受、想、行、識耶？」

須菩提言：「幻不異色，色不異幻，幻即是色，色即是幻；幻不異受、想、行、識，識不異幻，幻即是識，識即是幻。」

「須菩提！於意云何？五受陰名為菩薩不？」

「如是！世尊！」

佛告須菩提：「菩薩學阿耨多羅三藐三菩提，當如幻人學。何以故？當知五陰即是幻人。所以者何？說色如幻，說受、想、行、識如幻，識是六情、五陰。」

「世尊！新發意菩薩聞是說者，將無驚怖退沒耶？」

佛告須菩提：「若新發意菩薩隨惡知識，則驚怖退沒。若隨善知識聞是說者，則無驚怖沒退。」

須菩提言：「世尊！何等是菩薩惡知識？」

佛言：「教令遠離般若波羅蜜使不樂菩提，又教令學取相分別嚴飾文頌，又教學雜聲聞、辟支佛經法，又與作魔事因緣，是名菩薩惡知識。」

「世尊！何等為菩薩善知識？」

「若教令學般若波羅蜜，為說魔事，說魔過惡，令知魔事、魔過惡已，教令遠離。須菩提！是名發大乘心大莊嚴菩薩摩訶薩善知識。」

須菩提白佛言：「世尊！所言菩薩，菩薩有何義？」

佛告須菩提：「為學一切法無障礙，亦如實知一切法，是名菩薩義。」

須菩提白佛言：「世尊！若知一切法名為菩薩義，復以何義名為摩訶薩？」

佛言：「當為大眾作上首，名為摩訶薩義。」

舍利弗白佛言：「世尊！我亦樂說所以為摩訶薩義。」

佛言：「樂說便說。」

舍利弗白佛言：「世尊！菩薩為斷我見、眾生見、壽者見、人見、有見、無見、斷見、常見等而為說法，是名摩訶薩義。於是中心無所著，亦名摩訶薩義。」

舍利弗問須菩提：「何故於是中心無所著？」

須菩提言：「無心故，於是中心無所著。」

富樓那彌多羅尼子白佛言：「世尊！菩薩發大莊嚴乘大乘故，是名摩訶薩義。」

須菩提白佛言：「世尊！所言菩薩發大莊嚴，云何名為發大莊嚴？」

佛言：「菩薩作是念：『我應度無量阿僧祇衆生。度衆生已，無有衆生滅度者。』何以故？諸法相爾。譬如工幻師於四衢道化作大衆，悉斷化人頭，於意云何？寧有傷、有死者不？」

須菩提言：「不也！世尊！」

佛言：「菩薩亦如是，度無量阿僧祇衆生已，無有衆生滅度者。若菩薩聞是事，不驚不怖，當知是菩薩發大莊嚴。」

須菩提言：「如我解佛所說義，當知是菩薩發大莊嚴而自莊嚴。何以故？薩婆若是不作不起法，為衆生故發大莊嚴，是衆生亦是不作不起法。何以故？色無縛無解，受、想、行、識無縛無解故。」

富樓那語須菩提：「色無縛無解，受、想、行、識無縛無解耶？」

須菩提言：「色無縛無解，受、想、行、識無縛無解。」

富樓那言：「何等色無縛無解？何等受、想、行、識無縛無解？」

須菩提言：「幻人色是無縛無解，幻人受、想、行、識是無縛無解。無所有故無縛無解，離故無縛無解，無生故無縛無解，是名菩薩摩訶薩發大莊嚴而自莊嚴。」

須菩提白佛言：「世尊！云何為大乘？云何為菩薩發趣大乘？是乘住何處？是乘從何處出？」

佛告須菩提：「大乘者無有量無分數故。是乘從何處出，住何處者，是乘從三界出，住薩婆若。無乘是乘出者。何以故？出法、出者俱無所有，何法當出？」

須菩提白佛言：「世尊！所言摩訶衍，摩訶衍者，勝出一切世間天人阿修羅。世尊！摩訶衍與虛空等，如虛空受無量阿僧祇眾生，摩訶衍亦如是，受無量阿僧祇眾生。是摩訶衍，如虛空無來處，無去處，無住處。摩訶衍亦如是，不得前際，不得中際，不得後際。是乘三世等，是故名為摩訶衍。」

佛讚須菩提言：「善哉！善哉！諸菩薩摩訶薩摩訶衍應如汝所說。」

爾時富樓那彌多羅尼子白佛言：「世尊！佛使須菩提說般若波羅蜜，乃說摩訶衍？」

須菩提白佛言：「世尊！我所說將無離般若波羅蜜耶？」

「不也！須菩提！汝所說隨順般若波羅蜜。」

「世尊！我不得過去世菩薩，亦不得未來、現在世菩薩。色無邊故菩薩亦無邊，受、想、行、識無邊故菩薩亦無邊。世尊！如是一切處、一切時、一切種，菩薩不可得，當教何等菩薩般若波羅蜜？我不得、不見菩薩，當教何法入般若波羅蜜？世尊！所言菩薩菩薩者，但有名字。譬如所說我、我法，畢竟不生。世尊！一切法性亦如是。此中何等是色不著不生，何等是受、想、行、識不著不生？色是菩薩不可得，受、想、行、識是菩薩不可得，不可得亦不可得。世尊！一切處、一切時、一切種，菩薩不可得，當教何法入般若波羅蜜？世尊！菩薩但有名字，如我畢竟不生，諸法性亦如是，此中何等是色不著不生，何等是受、想、行、識不著不生？諸法性如是，是性亦不生，不生亦不生。世尊！我今當教不生法入般若波羅蜜耶？何以故？離不生法不可得菩薩行阿耨多羅三藐三菩提。若菩薩聞作是說，不驚不怖，當知是菩薩行般若波羅蜜。世尊！菩薩隨行般若波羅蜜時，作是觀，諸法即不受色。何以故？色無生即非色，色無滅即非色，無生無滅，無二無別，若說是色即是無二法。菩薩行般若波羅蜜時，不受受、想、行、識。何以故？識無生即非識，識無滅即非識，無生無滅，無二無別，若說識即是無二法。」

舍利弗問須菩提：「如我解須菩提所說義，菩薩即是無生。若菩薩無生，何以故有難行，為衆生故受苦惱？」

須菩提言：「我不欲使菩薩有難行。何以故？生難行想、苦行想，不能利益無量阿僧祇衆生。於衆生生易想、樂想、父母想、子想、我所想，則能利益無量阿僧祇衆生。如我法一切處、一切時、一切種不可得，菩薩於內外法中應生如是想。若菩薩以如是心行，亦名難行。如舍利弗所言菩薩無生，如是，舍利弗！菩薩實無生。」

舍利弗言：「但菩薩無生，薩婆若亦無生？」

須菩提言：「薩婆若亦無生。」

舍利弗言：「薩婆若無生，凡夫亦無生？」

須菩提言：「凡夫亦無生。」

舍利弗語須菩提：「若菩薩無生，菩薩法亦無生。薩婆若無生，薩婆若法亦無生。凡夫無生，凡夫法亦無生。今以無生得無生，菩薩應得薩婆若。」

須菩提言：「我不欲令無生法有所得。何以故？無生法不可得故。」

舍利弗言：「生生無生生。汝所言樂說為生？為無生？」

須菩提言：「諸法無生，所言無生，樂說亦無生，如是樂說。」

舍利弗言：「善哉！善哉！須菩提！汝於說法人中☆最為*第一。何以故？須菩提！隨所問皆能答故。」

須菩提言：「法應爾。諸佛弟子於無依止法所問能答。何以故？一切法無定故。」

舍利弗言：「善哉！善哉！是何波羅蜜力？」

須菩提言：「是般若波羅蜜力。舍利弗！若菩薩聞如是說、如是論時，不疑、不悔、不難，當知是菩薩行是行不離是念。」

舍利弗言：「若菩薩不離是行，不離是念，一切眾生亦不離是行，不離是念，一切眾生亦當是菩薩。何以故？一切眾生不離是念故。」

須菩提言：「善哉！善哉！舍利弗！汝欲*難我而成我義。所以者何？眾生無性故當知念亦無性，眾生離故念亦離，眾生不可得故念亦不可得。舍利弗！我欲令菩薩以是念行般若波羅蜜。」

*小品般若波羅蜜經☆釋提桓因品第二

爾時釋提桓因與四萬天子俱在會中，四天王與二萬天子俱在會中，娑婆世界主梵天王與萬梵天俱在會中，乃至淨居天眾無數千種俱在會中。是諸天眾業報光明，以佛身神力光明故皆不復現。

爾時釋提桓因語須菩提言：「是諸無數天眾皆共集會，欲聽須菩提說般若波羅蜜義，菩薩云何住般若波羅蜜？」

須菩提語釋提桓因及諸天眾：「憍尸迦！我今當承佛神力說般若波羅蜜，若諸天子未發阿耨多羅三藐三菩提心者，今應當發。若人已入正位，則不堪任發阿耨多羅三藐三菩提心。何以故？已於生死作障隔故。是人若發阿耨多羅三藐三菩提心，我亦隨喜，終不斷其功德。所以者何？上人應求上法。」

爾時佛讚須菩提言：「善哉！善哉！汝能如是勸樂諸菩薩。」

須菩提言：「世尊！我當報佛恩。如過去諸佛及諸弟子，教如來住空法中，亦教學諸波羅蜜。如來學是法，得阿耨多羅三藐三菩提。世尊！我今亦當如是護念諸菩薩，以我護念因緣故，諸菩薩當疾得阿耨多羅三藐三菩提。」

須菩提語釋提桓因言：「憍尸迦！汝一心聽，菩薩住般若波羅蜜。憍尸迦！菩薩發大莊嚴乘，於大乘以空法住般若波羅蜜，不應住色，不應住受、想、行、識。不應住色若常若無常，不應住受、想、行、識若常若無常。不應住色若苦若樂，不應住受、想、行、識若苦若樂。不應住色若淨若不淨，不應住受、想、行、識若淨若不淨。不應住色若我若無我，不應住受、想、行、識若我若無我。不應住色若空若不空，不應住受、想、行、識若空若不空。不應住須陀洹果，不應住斯陀含果，不應住阿那含果，不應住阿羅漢果，不應住辟支佛道，不應住佛法。不應住須陀洹無為果，不應住須陀洹福田，不應住須陀洹乃至七往來生死。不應住斯陀含無為果，不應住斯陀含福田，不應住斯陀含一來此間當得盡苦。不應住阿那含無為果，不應住阿那含福田，不應住阿那含彼間滅度。不應住阿羅漢無為果，不應住阿羅漢福田，不應住阿羅漢今世入無餘涅槃。不應住辟支佛道無為果，不應住辟支佛福田，不應住辟支佛過聲聞地不及佛地而般涅槃。不應住佛法利益無量眾生，滅度無量眾生。」

爾時舍利弗作是念：「菩薩當云何住？」

須菩提知舍利弗心所念，語舍利弗：「於意云何？如來為住何處？」

舍利弗言：「如來無所住，無住心名為如來。如來不住有為性，亦不住無為性。」

「舍利弗！菩薩摩訶薩亦應如是住，如如來住於一切法，非住非不住。」

爾時眾中有諸天子作是念：「諸夜叉眾語言章句尚可知義，須菩提所說所論難可得解。」

須菩提知諸天子心所念，語諸天子言：「是中無說、無示、無聽。」

諸天子作是念：「須菩提欲令此義易解，而轉深妙！」

須菩提知諸天子心所念，語諸天子言：「若行者欲證須陀洹果，欲住須陀洹果，不離是忍。欲證斯陀含果、阿那含果、阿羅漢果，欲證辟支佛道，欲證佛法，亦不離是忍。」

爾時諸天子作是念：「何等人能隨順聽須菩提所說？」

須菩提知諸天子心所念，語諸天子言：「幻人能隨順聽我所說而無聽無證。」

諸天子作是念：「但聽者如幻？眾生亦如幻？須陀洹果乃至辟支佛道亦如幻？」

須菩提知諸天子心所念，語諸天子言：「我說衆生如幻如夢，須陀洹果亦如幻如夢，斯陀含果、阿那含果、阿羅漢果、辟支佛道亦如幻如夢。」

諸天子言：「須菩提！亦說佛法如幻如夢？」

須菩提言：「我說佛法亦如幻如夢，*我說☆涅槃亦如幻如夢。」

諸天子言：「大德須菩提！亦說涅槃如幻如夢耶？」

須菩提言：「諸天子！設復有法過於涅槃，我亦說如幻如夢。諸天子！幻夢、涅槃，無二無別。」

爾時舍利弗、富樓那彌多羅尼子、摩訶拘絺羅、摩訶迦栴延問須菩提：「如是說般若波羅蜜義，誰能受者？」

時阿難言：「如是說般若波羅蜜義，阿毘跋致菩薩、具足正見者、滿願阿羅漢，是等能受。」

須菩提言：「如是說般若波羅蜜義，無能受者。所以者何？此般若波羅蜜①中，無法可說，無法可示，以是義故無能受者。」

爾時釋提桓因作是念：「長老須菩提為雨法雨，我寧可化作華散須菩提上！」釋提桓因即化作華，散須菩提上。須菩提作是念：「釋提桓因今所散華，我於忉利天上所未曾見。是華從心樹出，不從樹生。」

釋提桓因知須菩提心所念，語須菩提言：「是華非生華，亦非心樹生。」須菩提語釋提桓因言：「憍尸迦！汝言是華非生華，亦非心樹生，若非生法，不名為華。」

釋提桓因作是念：「長老須菩提智慧甚深，不壞假名而說實義。」念已語須菩提言：「如是！如是！須菩提！如須菩提所說，菩薩應如是學。菩薩如是學者，不學須陀洹果、斯陀含果、阿那含果、阿羅漢果、辟支佛道。若不學是地，是名學佛法，學薩婆若。若學佛法，學薩婆若，則學無量無邊佛法。若學無量無邊佛法者，不為增減色學，不為增減受、想、行、識學，不為受色學，不為受受、想、行、識學，是人於法無所取無所滅故學。」

舍利弗語須菩提：「行者不為取薩婆若，不為滅薩婆若故學。」

須菩提言：「如是！如是！舍利弗！菩薩乃至薩婆若不取不滅故學。如是觀時，能學薩婆若，能成就薩婆若。」

爾時釋提桓因語舍利弗：「菩薩摩訶薩般若波羅蜜，當於何求？」

舍利弗言：「般若波羅蜜當於須菩提所轉中求。」

釋提桓因語須菩提：「是誰神力？」

須菩提言：「是佛神力。憍尸迦！如所問般若波羅蜜當於何求，般若波羅蜜不應色中求，不應受、想、行、識中求，亦不離色求，亦不離受、想、行、識求。何以故？色非般若波羅蜜，離色亦非般若波羅蜜，受、想、行、識非般若波羅蜜，離受、想、行、識亦非般若波羅蜜。」

釋提桓因言：「摩訶波羅蜜是般若波羅蜜，無量波羅蜜是般若波羅蜜，無邊波羅蜜是般若波羅蜜。」

須菩提言：「如是！如是！憍尸迦！摩訶波羅蜜是般若波羅蜜，無量波羅蜜是般若波羅蜜，無邊波羅蜜是般若波羅蜜。憍尸迦！色無量故般若波羅蜜無量，受、想、行、識無量故般若波羅蜜無量。緣無邊故般若波羅蜜無邊，衆生無邊故般若波羅蜜無邊。憍尸迦！云何緣無邊故般若波羅蜜無邊？諸法無前、無中、無後，是故緣無邊般若波羅蜜無邊。復次，憍尸迦！諸法無邊，前際不可得，中際、後際不可得，是故緣無邊般若波羅蜜無邊。」

釋提桓因言：「長老須菩提！云何衆生無邊般若波羅蜜無邊？」

「憍尸迦！衆生無量，算數不可得邊，是故衆生無邊般若波羅蜜無邊。」

釋提桓因言：「大德須菩提！衆生有何義？」

須菩提言：「衆生義即是法義。於意云何？所言衆生，衆生有何義？」

釋提桓因言：「衆生非法義，亦非非法義，但有假名，是名字無本無因，強為立名名為衆生。」

須菩提言：「於意云何？此中實有衆生可說可示不？」

「不也！」

須菩提言：「憍尸迦！若衆生不可說不可示，云何言衆生無邊般若波羅蜜無邊？」

「憍尸迦！若如來住壽如恒河沙劫說言眾生，眾生實有眾生生滅不？」

釋提桓因言：「不也！何以故？眾生從本已來常清淨故。」

「憍尸迦！是故當知眾生無邊般若波羅蜜無邊。」

小品般若波羅蜜經卷第一

小品般若波羅蜜經卷第二

後秦龜茲國三藏鳩摩羅什譯

⊙小品般若波羅蜜經寶☆塔品第三⑥

爾時釋提桓因、梵天王、自在天王及衆生主、諸天女等皆大歡喜，同時三唱：「快哉！快哉！佛出世故，須菩提乃能演說是法。」

爾時諸天大衆俱白佛言：「世尊！若菩薩能不離般若波羅蜜行，當視是人如佛。」

佛告諸天子：「如是！如是！昔我於衆華城燃燈佛所，不離般若波羅蜜行，時燃燈佛記我於來世過阿僧祇劫當得作佛，號釋迦牟尼如來、應供、正遍知、明行足、善逝、世間解、無上士、調御丈夫、天人師、佛、世尊。」

諸天子白佛言：「希有！世尊！諸菩薩摩訶薩般若波羅蜜能攝取薩婆若。」

佛因釋提桓因告欲、色界諸天子及四衆比丘、比丘尼、優婆塞、優婆夷等：「憍尸迦！若有善男子、善女人能受持讀誦般若波羅蜜，如所說行，魔若魔天、人若非人不得其便，終不橫死。善男子、善女人受持讀誦般若波羅蜜故，忉利諸天發阿耨多羅三藐三菩提心，未受持讀誦般若波羅蜜者來至其所。復次，憍尸迦！善男子、善女人受持讀誦般若波羅蜜時，若在空舍，若在道路，若或失道，無有恐怖。」

爾時四天王白佛言：「世尊！若善男子、善女人受持讀誦般若波羅蜜，如所說行，我等皆當護念。」

釋提桓因白佛言：「世尊！若善男子、善女人受持讀誦般若波羅蜜，如所說行，我當護念。」

梵天王及諸梵天俱白佛言：「世尊！若善男子、善女人受持讀誦般若波羅蜜，如所說行，我等亦當護念。」

釋提桓因白佛言：「希有！世尊！善男子、善女人受持讀誦般若波羅蜜，得如是現世功德。世尊！若受持般若波羅蜜者，則為受持諸波羅蜜。」

佛言：「如是！如是！憍尸迦！受持般若波羅蜜者，則為受持諸波羅蜜。復次，憍尸迦！善男子、善女人受持讀誦般若波羅蜜所得功德，汝今善聽，當為汝說。」

釋提桓因受教而聽，佛告憍尸迦：「若有欲毀亂違逆我此法者，雖有是心漸漸自滅，終不從願。何以故？憍尸迦！若善男子、善女人受持讀誦般若波羅蜜，種種毀亂違逆事起，法應皆滅，是故此人終不從願。憍尸迦！善男子、善女人受持讀誦般若波羅蜜，得如是現世功德。譬如有藥名為摩醯，有蛇飢行求食，見有小虫而欲食之，虫*趣藥所，蛇聞藥氣即迴還去。所以者何？藥力能消蛇毒故。憍尸迦！善男子、善女人亦如是，若受持讀誦般若波羅蜜，種種毀亂違逆事起，以般若波羅蜜力故即自消滅。復次，憍尸迦！若受持讀誦般若波羅蜜，護世四天王皆當護念。復次，憍尸迦！是人終不說無益之語，有所言說人所信受，少於瞋恚終不懷恨，不為我慢所覆，不為瞋恚所使。善男子、善女人若瞋恚時，能作是念：『若我瞋者則壞諸根，顏色變異，我欲求阿耨多羅三藐三菩提，云何當隨瞋心？』如是思惟，即得正念。憍尸迦！善男子、善女人受持讀誦般若波羅蜜，亦得是現世功德。」

釋提桓因白佛言：「希有！世尊！般若波羅蜜為迴向故，不為高心。」

佛告憍尸迦：「善男子、善女人受持讀誦般若波羅蜜，若人軍陣，誦般若波羅蜜，若住、若出，若失壽命，若被惱害，無有是處。若刀箭向者，終不能傷。何以故？般若波羅蜜是大呪術、無上呪術。善男子、善女人學此呪術，不自念惡，不念他惡，不兩念惡，學是呪術，得阿耨多羅三藐三菩提，得薩婆若智，能觀一切眾生心。復次，憍尸迦！若般若波羅蜜經卷住處，若讀誦處，人若非人不得其便，唯除業行必應受者。憍尸迦！譬如道場四邊，若人、若畜生無能惱者。何以故？過去、未來、現在諸佛此中得道，已得、今得、當得，是處一切眾生無恐無畏，無能惱害。憍尸迦！以般若波羅蜜故，是處則吉，人所恭敬供養禮拜。」

釋提桓因白佛言：「世尊！若善男子、善女人書般若波羅蜜，受持經卷，供養恭敬尊重讚歎，以好花香、瓔珞、塗香、燒香、末香、雜香、繒蓋、幢幡而以供養；若復有人以如來舍利，供養恭敬尊重讚歎，以好花香、瓔珞、塗香、燒香、末香、雜香、繒蓋、幢幡而以供養，其福何所為多？」

「憍尸迦！我還問汝，隨汝意答。於意云何？如來行何道得薩婆若所依止身，得阿耨多羅三藐三菩提？」

釋提桓因白佛言：「世尊！如來學般若波羅蜜故得是身，得阿耨多羅三藐三菩提。」

「憍尸迦！佛不以身故名為如來，以得薩婆若故名為如來。憍尸迦！諸佛薩婆若從般若波羅蜜生，是身薩婆若智所依止故，如來因是身得薩婆若智，成阿耨多羅三藐三菩提。是身薩婆若所依止故，我滅度後舍利得供養。憍尸迦！若善男子、善女人書般若波羅蜜，受持讀誦，供養恭敬尊重讚歎，以好花香、瓔珞、塗香、燒香、末香、雜香、繒蓋、幢幡而以供養，是善男子、善女人即是供養薩婆若智。是故若人書寫般若波羅蜜，供養恭敬尊重讚歎，當知是人得大福德。何以故？供養薩婆若智故。」

釋提桓因白佛言：「世尊！閻浮提人不供養恭敬尊重讚歎般若波羅蜜，為不知得如是大利益耶？」

佛言：「憍尸迦！於意云何？閻浮提有幾所人於佛得不壞信？幾所人於法、於僧得不壞信？」

釋提桓因言：「少所人於佛得不壞信，於法於僧得不壞信。世尊！閻浮提少所人得須陀洹、斯陀含、阿那含、阿羅漢，得辟支佛者轉復減少，能行菩薩道者亦復轉少。」

「如是！如是！憍尸迦！閻浮提少所人於佛得不壞信，乃至能發阿耨多羅三藐三菩提心，行菩薩道者亦復轉少。憍尸迦！無量無邊阿僧祇眾生發阿耨多羅三藐三菩提心，於中若一若二住阿毘跋致地。是故當知，善男子、善女人發阿耨多羅三藐三菩提心，乃至能受持讀誦、供養恭敬尊重讚歎般若波羅蜜。何以故？是人作是念：『過去諸佛行菩薩道時從是中學，我等亦應於是中學，般若波羅蜜是我大師。』憍尸迦！若我現在，若我滅後，菩薩常應依止般若波羅蜜。若善男子、善女人於我滅後，以供養如來故起七寶塔，盡其形壽以好花香、塗香、末香、衣服、幢幡供養是塔，於意云何？是善男子、善女人以是因緣故得福多不？」

釋提桓因言：「甚多！世尊！」

佛言：「憍尸迦！若善男子、善女人供養般若波羅蜜經卷，恭敬尊重讚歎，以好華香、塗香、末香、衣服、幢幡而以供養，其福甚多。憍尸迦！置是一塔，若滿閻浮提七寶塔，善男子、善女人盡其形壽以好華香乃至伎樂供養是塔，於意云何？是人以是因緣故得福多不？」

釋提桓因言：「甚多！世尊！」

佛告憍尸迦：「若善男子、善女人供養般若波羅蜜經卷，恭敬尊重讚歎，以好華香、塗香、末香、衣服、幢幡，其福甚多。憍尸迦！置是滿閻浮提七寶塔，若滿四天下七寶塔，若人盡⊙其形壽，以花香供養乃至伎樂，若復有人供養般若波羅蜜，其福甚多。憍尸迦！置是滿四天下七寶塔，若滿周梨迦小千世界七寶塔，若人*盡其形壽☆以好華香供養乃至幢幡，若復有人供養般若波羅蜜，其福甚多。憍尸迦！置是周梨迦小千世界七寶塔，若滿二千中世界七寶塔，若人*盡其形壽☆以花香供養乃至幢幡，若復有人供養般若波羅蜜，其福甚多。憍尸迦！置是二千中世界，若滿三千大千世界七寶塔，若善男子、善女人盡其形壽以花香供養乃至幢幡，憍尸迦！於意云何？是人以是因緣故得福多不？」

釋提桓因言：「甚多！世尊！」

佛告憍尸迦：「若復有人供養般若波羅蜜經卷，恭敬尊重讚歎，花香乃至幢幡，其福甚多。憍尸迦！置是滿三千大千世界七寶塔，假令三千大千世界所有眾生一時皆得人身，是一一人⊙皆起七寶塔，盡其形壽以一切好華、名香、幢幡、伎樂、歌舞供養是塔，憍尸迦！於意云何？是人以是因緣故得福多不？」

⊙釋提桓因言☆：「甚多！世尊！」

佛告憍尸迦：「若善男子、善女人供養般若波羅蜜經卷，恭敬尊重讚歎，⊙以好☆花香乃至幢幡⊙供養☆，其福甚多。」

釋提桓因言：「如是！如是！世尊！若人供養般若波羅蜜，即是供養恭敬過去、未來、現在諸佛薩婆若。世尊！置是三千大千世界一一衆生所起七寶塔。若滿十方恒河沙等世界衆生，皆得人身，⊙是一一人⊙皆起七寶塔，若於一劫若減一劫，以好華香乃至伎樂供養是塔；若復有人供養般若波羅蜜經卷，恭敬尊重讚歎，華香乃至伎樂⊙供養☆，其福甚多。」

佛言：「如是！如是！憍尸迦！是善男子、善女人以是供養般若波羅蜜經卷因緣故，其福甚多，無量無邊，不可得數，不可思議。何以故？憍尸迦！一切諸佛薩婆若智皆從般若波羅蜜生。憍尸迦！以是因緣故，若善男子、善女人供養般若波羅蜜經卷，恭敬尊重讚歎，華香乃至伎樂供養，於前功德，百分不及一[1]，千分、萬分、百千萬億分不及一，乃至算數譬喻所不能及。」

*小品般若波羅蜜經大☆明呪品第四

爾時釋提桓因與四萬天子在會中者，語釋提桓因言：「憍尸迦！應受持讀誦般若波羅蜜。」

佛告釋提桓因：「憍尸迦！汝受持讀誦般若波羅蜜，若阿修羅生念，欲與忉利諸天共鬪，爾時汝當誦念般若波羅蜜，以是因緣故阿修羅惡心即滅。」

釋提桓因白佛言：「世尊！般若波羅蜜是大明呪，般若波羅蜜是無上呪，般若波羅蜜是無等等呪。」

佛言：「如是！如是！憍尸迦！般若波羅蜜是大明呪，般若波羅蜜是無上呪，般若波羅蜜是無等等呪。何以故？憍尸迦！過去諸佛因是明呪得阿耨多羅三藐三菩提，未來諸佛亦因是呪當得阿耨多羅三藐三菩提，今十方現在諸佛亦因是呪得阿耨多羅三藐三菩提。憍尸迦！因是明呪，十善道出現於世，四禪、四無量心、四無色定、五神通出現於世。因菩薩故，十善道出現於世，四禪、四無量心、四無色定、五神通出現於世。若諸佛不出於世，但因菩薩故，十善道、四禪、四無量心、四無色定、五神通出現於世。譬如月不出時，星宿光明照於世間。如是，憍尸迦！世無佛時，所有善行正行皆從菩薩出生，菩薩方便力皆從般若波羅蜜生。復次，憍尸迦！若善男子、善女人供養般若波羅蜜經卷，恭敬尊重讚歎，得是現世福德。」

釋提桓因白佛言：「世尊！得何等現世福德？」

「憍尸迦！是善男子、善女人毒不能傷，火不能燒，終不橫死。又善男子、善女人若官事起，誦念般若波羅蜜官事即滅，諸求短者皆不得便。何以故？般若波羅蜜所護故。復次，憍尸迦！善男子、善女人誦念般若波羅蜜，若至國王、若王子、大臣所，皆歡喜問訊與共語言。何以故？憍尸迦！般若波羅蜜為慈悲一切眾生故出。是故，憍尸迦！諸求短者皆不得便。」

爾時外道出家百人欲求佛短，來向佛所。釋提桓因作是念：「是諸外道出家百人欲求佛短，來向佛所，我從佛所受般若波羅蜜，今當誦念。是諸外道來至佛所，或能斷說般若波羅蜜。」

如是思惟已，即誦念從佛所受般若波羅蜜，時諸外道遙遶佛復道而去。舍利弗作是念：「何因緣故是諸外道遶佛而去？」

佛知舍利弗心所念，告舍利弗：「是釋提桓因誦念般若波羅蜜，如是外道乃無一人有善心者，皆持惡意來求佛短，是故外道各各復道而去。」

爾時惡魔作是念：「今是四衆及欲色界諸天子在佛前坐，其中必有菩薩⊙得受阿耨多羅三藐三菩提記者，我當壞亂。」

即化作四種兵向佛所，爾時釋提桓因作是念：「魔嚴四兵來至佛所，四種兵相摩伽陀國頻婆娑羅王之所無有，憍薩羅國波斯匿王亦所無有，諸釋子所無有，諸黎車所無有。今是兵相必是惡魔所作，是魔長夜欲求佛短，惱亂衆生，我當誦念般若波羅蜜。」

釋提桓因即默誦般若波羅蜜，隨其所誦，惡魔稍稍復道而去。

爾時忉利諸天化作天華在於空中散佛上，作是念：「願般若波羅蜜久住閻浮提，閻浮提人當得誦習。」

是時諸天復以天花散佛上，作是言：「世尊！若有衆生行般若波羅蜜，修習般若波羅蜜，魔若魔天不得其便。」

爾時釋提桓因白佛言：「世尊！若人得聞般若波羅蜜者，已曾親近諸佛，不從小功德來，何況受持讀誦，如所說學，如所說行！何以故？世尊！諸菩薩薩婆若當於般若波羅蜜中求。世尊！譬如大寶當於大海中求，世尊！諸佛薩婆若大寶應於般若波羅蜜中求。」

佛言：「如是！如是！憍尸迦！諸佛薩婆若皆於般若波羅蜜中生。」

爾時阿難白佛言：「世尊！世尊不讚說檀波羅蜜名，不讚說尸羅波羅蜜、羼提波羅蜜、毘梨耶波羅蜜、禪波羅蜜名，何以故但讚說般若波羅蜜[①]？」

佛告阿難：「般若波羅蜜導五波羅蜜。阿難！於意云何？若布施不迴向薩婆若，成檀波羅蜜不？」

阿難言：「不也！世尊！」

「若持戒、忍辱、精進、禪定、智慧不迴向薩婆若，成般若波羅蜜不？」

阿難言：「不也！世尊！」

「阿難！是故般若波羅蜜為五波羅蜜導。阿難！譬如大地種散其中，因緣和合即得生長，不依此地終不得生。阿難！如是五波羅蜜住般若波羅蜜中而得增長，為般若波羅蜜所護故得向薩婆若。是故，阿難！般若波羅蜜為五波羅蜜作導。」

爾時釋提桓因白佛言：「世尊！是善男子、善女人受持讀誦般若波羅蜜，如所說行，所得功德如來說之猶亦未盡。」

佛告憍尸迦：「我不但說是人受持讀誦般若波羅蜜如說所行功德憍尸迦！若有善男子、善女人供養般若波羅蜜經卷，恭敬尊重讚歎，以好華香乃至幢幡，我亦說其所得功德。」

釋提桓因白佛言：「世尊！我亦當護念是善男子、善女人，供養般若波羅蜜經卷，恭敬尊重讚歎，以好華香乃至幢幡者。」

佛言：「憍尸迦！是善男子、善女人，受持讀誦般若波羅蜜，若干百千諸天大衆為聽法故來至其所。是法師為諸天說法時，非人益其氣力。若法師疲極不樂說法，諸天恭敬法故令其樂說。憍尸迦！是亦善男子、善女人得是現世功德。復次，憍尸迦！是善男子、善女人於四衆中說般若波羅蜜時，其心不畏有來難問及詰責者。何以故？是人為般若波羅蜜護念故，不見有人得般若波羅蜜短者，般若波羅蜜亦無短可得，是人如是為般若波羅蜜護念故，*不畏有來難問詰責者。憍尸迦！是亦善男子、善女人現世功德。復次，憍尸迦！是善男子、善女人讀誦般若波羅蜜故，為父母所愛，為宗親、知識、沙門、婆羅門所敬，衰惱鬪訟如法能度。憍尸迦！是亦善男子、善女人現世功德。

「復次，憍尸迦！般若波羅蜜經卷所住處，四天王天上諸天發阿耨多羅三藐三菩提心者，皆來至般若波羅蜜所，受持讀誦供養作禮而去。忉利天、夜摩天、兜率陀天、化樂天、他化自在天上諸天發阿耨多羅三藐三菩提心者，皆來至般若波羅蜜所，受持讀誦供養作禮而去。梵天、梵世天、梵輔天、梵衆天、大梵天、光天、少光天、無量光天、光音天、淨天、少淨天、無量淨天、遍淨天、無陰行天、福生天、廣果天、無廣天、無熱天、妙見天、善見天、*阿迦膩吒☆天上諸天發阿耨多羅三藐三菩提心者，皆來至般若波羅蜜所，受持讀誦供養作禮而去。憍尸迦！汝勿謂但有*阿迦膩吒☆天為供養般若波羅蜜故來，三千大千世界中欲、色界諸天⊙子發阿耨多羅三藐三菩提心者，皆來至般若波羅蜜所，受持讀誦供養作禮而去。善男子、善女人應作是念：『十方無量阿僧祇國土中，所有諸天、龍、夜叉、乾闥婆、阿修羅、迦樓羅、緊那羅、摩睺羅伽、人非人，是等來至般若波羅蜜所，受持讀誦供養作禮時，我當以般若波羅蜜法施。』善男子、善女人般若波羅蜜經卷所住處，若殿堂、若房舍，無能毀壞，除先行業必應受者。憍尸迦！亦是善男子、善女人現世功德。」

釋提桓因白佛言：「世尊！是善男子、善女人云何知諸天來受持讀誦供養禮敬般若波羅蜜時？」

佛言：「憍尸迦！若善男子、善女人見大光明，必知天、龍、夜叉、乾闥婆等來至其所。復次，憍尸迦！善男子、善女人若聞殊異之香，必知諸天來至其所。復次，憍尸迦！善男子、善女人所住之處應令淨潔，以淨潔故非人皆大歡喜來到其所，是中先住小鬼不堪大力諸天威德故皆悉避去，隨大力諸天數數來故，其心轉樂大法，是故所住處四邊不應令有臭穢不淨。復次，憍尸迦！善男子、善女人身不疲極，臥起安隱不見惡夢。若其夢時，但見諸佛、諸佛塔廟，阿羅漢眾、諸菩薩眾修習六波羅蜜，學薩婆若淨佛世界。又聞佛名某甲佛，於某方某國與若干百千萬億眾恭敬圍遶而為說法。憍尸迦！善男子、善女人夢中所見如是，覺已安樂，氣力充足身體輕便。是善男子、善女人不貪飲食，譬如坐禪比丘從三昧起，以學禪故不貪飲食。何以故？憍尸迦！非人益其氣力故。善男子、善女人欲得如是等現世功德，當受持讀誦般若波羅蜜，如所說行。憍尸迦！善男子、善女人若不能受持讀誦般若波羅蜜，如所說行，當書寫經卷，供養恭敬尊重讚歎，以好華香、塗香、末香、燒香、雜香、衣服、幢幡、伎樂◎供養☆。」

*小品般若波羅蜜經☆舍利品第五

爾時佛告釋提桓因言：「憍尸迦！滿閻浮提舍利以為一分，般若波羅蜜經卷以為一分，二分之中為取何分？」

釋提桓因白佛言：「世尊！我取般若波羅蜜。何以故？世尊！我於舍利非不恭敬，以舍利從般若波羅蜜生故，般若波羅蜜所熏故得供養。世尊！我於忉利天上善法堂中，我有坐處，忉利諸天子來供養我故。若我不在座上，諸天子為我坐處作禮恭敬遶已而去，作是念：釋提桓因於此處坐，為忉利諸天說法。諸佛舍利亦如是，從般若波羅蜜生，薩婆若所依止故得供養。是故，世尊！我於二分之中，取般若波羅蜜。世尊！置滿閻浮提舍利，若滿三千大千世界舍利以為一分，般若波羅蜜經卷以為一分，二分之中我取般若波羅蜜。何以故？諸佛舍利因般若波羅蜜生故得供養。世尊！譬如負債人常畏債主，以得親近奉事王故，債主反更恭敬怖畏。何以故？依恃國王其力大故。世尊！舍利亦如是，依止般若波羅蜜故得供養。世尊！般若波羅蜜如王，舍利如親近王人，如來舍利依止一切智慧故得供養。世尊！諸佛一切智慧亦從般若波羅蜜生，是故我於二分之中取般若波羅蜜。

世尊！譬如無價寶珠，有如是功德，其所住處非人不能得其便。若男若女、若大若小為非人所持，寶珠至其處非人則去。若有熱病，珠能除滅。若有風病，以珠著身上，風患即除。若有冷病，以珠著身上，冷患亦除。是珠住處，夜時能為明，熱時能為涼，寒時能為溫。珠所住處，蛇毒不入，若男若女、若大若小為毒虫所螫，以珠示之，毒即除滅。若諸目患，以珠著目上，目患即除。世尊！又是寶珠若著水中，與水同色。若以白繒裹著水中，水色即白。若以青、黃、紫、赤種種色繒裹著水中，水即各隨其色，水濁即為清，是珠成就如是功德。」

爾時阿難問釋提桓因：「此是閻浮提寶？為是天上寶？」

釋提桓因言：「此是天上寶。閻浮提人亦有是寶，但功德少而重，天上寶珠功德多而輕。人寶比天寶，算數譬喻所不能及。世尊！若是珠在篋中，雖舉珠去，以珠功德故其篋則貴。世尊！以般若波羅蜜薩婆若智功德故，如來滅後舍利得供養，以如來舍利是薩婆若智所住處故，我於二分之中取般若波羅蜜。世尊！置是滿三千大千世界舍利，若滿如恒河沙等世界中舍利以為一分，般若波羅蜜經卷以為一分，二分之中我取般若波羅蜜。何以故？諸佛如來薩婆若智皆從般若波羅蜜生，薩婆若所熏故舍利得供養。復次，世尊！若善男子、善女人欲如實見十方無量阿僧祇諸佛者，當行般若波羅蜜，當修般若波羅蜜。」

佛言：「如是！如是！憍尸迦！過去諸佛皆因般若波羅蜜得阿耨多羅三藐三菩提，未來諸佛亦因般若波羅蜜得阿耨多羅三藐三菩提，現在十方無量阿僧祇世界諸佛亦因般若波羅蜜得阿耨多羅三藐三菩提。」

釋提桓因白佛言：「世尊！摩訶波羅蜜是般若波羅蜜，佛因是般若波羅蜜，皆知一切衆生心心所行。」

佛言：「憍尸迦！菩薩摩訶薩長夜行般若波羅蜜故。」

釋提桓因白佛言：「世尊！菩薩但行般若波羅蜜，不行餘波羅蜜耶？」

佛言：「憍尸迦！菩薩皆行六波羅蜜。若布施時，般若波羅蜜為上首。若持戒、若忍辱、若精進、若禪定、若觀諸法時，般若波羅蜜為上首。譬如閻浮提種種樹、種種形、種種色、種種葉、種種華、種種果，其陰皆一無有差別。五波羅蜜亦如是，入般若波羅蜜中無有差別。」

「世尊！是般若波羅蜜有大功德，有無量無邊功德，有無等等功德。世尊！若有人⊙書寫般若波羅蜜經卷，供養恭敬尊重讚歎，以好華香乃至幢幡；若復有人⊙書寫般若波羅蜜經卷⊙持與他人，是二功德何所為多？」

佛言：「憍尸迦！我還問汝，隨意答我。於意云何？若有人得佛舍利，但自供養；若復有人得佛舍利，自供養亦與他人令供養，是二功德何所為多？」

釋提桓因言：「世尊！若人得佛舍利，自供養亦與他人令供養，其福甚多。」

佛言：「如是！如是！憍尸迦！若善男子、善女人寫般若波羅蜜經卷，供養恭敬尊重讚歎，以好花香乃至幢幡，不如善男子、善女人⊙書寫般若波羅蜜經卷，自供養亦與他人令供養，其福甚多。」

佛言：「憍尸迦！若善男子、善女人在在處處為人解說般若波羅蜜，其福甚多。」

小品般若⊙波羅蜜☆經卷第二

小品般若波羅蜜經卷第三

後秦龜茲國三藏鳩摩*羅什譯

⊙小品般若波羅蜜經☆佐助品第六

佛告釋提桓因言：「憍尸迦！若有善男子、善女人教閻浮提人令行十善道，於意云何？是人以是因緣得福多不？」

釋提桓因言：「甚多！世尊！」

佛言：「憍尸迦！不如善男子、善女人以般若波羅蜜經卷與他人，令得書寫讀誦，其福甚多。憍尸迦！置是閻浮提眾生，若復有人教四天下眾生令行十善道；置是四天下，若周梨迦小千世界，若二千中世界，若三千大千世界眾生，若教十方如恒河沙等世界衆生，令行十善道，於意云何？是人以是因緣故得福多不？」

釋提桓因言：「甚多！世尊！」

佛言：「憍尸迦！不如善男子、善女人以般若波羅蜜經卷與他人，令得書寫讀誦，其福甚多。復次，憍尸迦！若有善男子、善女人教閻浮提衆生令行四禪、四無量心、四無色定、五神通，是人以是因緣得福多不？」

釋提桓因言：「甚多！世尊！」

佛言：「憍尸迦！不如善男子、善女人以般若波羅蜜經卷與他人，令得書寫讀誦，其福甚多。憍尸迦！置是閻浮提及三千大千世界衆生，乃至教十方如恒河沙等世界衆生，令行四禪、四無量心、四無色定、五神通，於意云何？是人以是因緣得福多不？」

釋提桓因言：「甚多！世尊！」

佛言：「憍尸迦！不如善男子、善女人以般若波羅蜜經卷與他人，令得書寫讀誦，其福甚多。復次，憍尸迦！若有善男子、善女人以般若波羅蜜經卷與他人，令得書寫讀誦，不如善男子、善女人自為他人讀誦，其福甚多。復次，憍尸迦！若善男子、善女人自為他人讀誦般若波羅蜜，不如善男子、善女人自為他人解說其義，其福甚多。」

是時釋提桓因白佛言：「世尊！應為何等人解說般若波羅蜜義？」

佛言：「憍尸迦！若有善男子、善女人不知般若波羅蜜義故，應為解說其義。何以故？憍尸迦！未來世當有相似般若波羅蜜，⊙若善男子、善女人於是中欲得阿耨多羅三藐三菩提，聞是相似般若波羅蜜則有違錯。」

釋提桓因言：「世尊！何等是相似般若波羅蜜？」

「憍尸迦！當來世有比丘欲說般若波羅蜜而說相似般若波羅蜜。」

「世尊！云何諸比丘說相似般若波羅蜜？」

佛言：「諸比丘說言色是無常，若如是求是為行般若波羅蜜，受、想、行、識是無常，若如是求是為行般若波羅蜜。是名說相似般若波羅蜜。憍尸迦！不壞色故觀色無常，不壞受、想、行、識故觀識無常，不作如是觀者是名行相似般若波羅蜜。憍尸迦！以是因緣故，菩薩說般若波羅蜜義，其福甚多。復次，憍尸迦！若有善男子、善女人教閻浮提衆生，令得須陀洹果，於意云何？是人以是因緣其福多不？」

釋提桓因言：「甚多！世尊！」

佛言：「憍尸迦！不如善男子、善女人以般若波羅蜜經卷與他人，令得書寫讀誦，作是言：『汝當得是應般若波羅蜜功德。』其福甚多。何以故？須陀洹果從般若波羅蜜出故。憍尸迦！置是閻浮提及三千大千世界，乃至教十方如恒河沙等世界衆生，令得須陀洹果，於意云何？是人以是因緣其福多不？」

釋提桓因言：「甚多！世尊！」

佛言：「憍尸迦！不如善男子、善女人以般若波羅蜜經卷與他人，令得書寫讀誦，作是言：『汝當得是應般若波羅蜜功德。』其福甚多。何以故？須陀洹果從般若波羅蜜出故。復次，憍尸迦！若有善男子、善女人教閻浮提衆生，令得斯陀含果、阿那含果、阿羅漢果、辟支佛道，於意云何？是人以是因緣其福多不？」

釋提桓因言：「甚多！世尊！」

佛言：「憍尸迦！不如善男子、善女人以般若波羅蜜經卷與他人，令得書寫讀誦，作是言：『汝當得是應般若波羅蜜功德。』其福甚多。何以故？汝隨學是法當得薩婆若法，隨得薩婆若法當隨得斯陀含果、阿那含果、阿羅漢果、辟支佛道。憍尸迦！置是閻浮提及三千大千世界衆生，乃至教十方如恒河沙等世界衆生，令得斯陀含果、阿那含果、阿羅漢果、辟支佛道，於意云何？是人以是因緣其福多不？」

釋提桓因言：「甚多！世尊！」

佛言：「憍尸迦！不如善男子、善女人以般若波羅蜜經卷與他人，令得書寫讀誦，作是言：『汝當得是應般若波羅蜜功德。』其福甚多。何以故？汝隨學是法當得薩婆若法，隨得薩婆若法當隨得斯陀含果、阿那含果、阿羅漢果、辟支佛道。復次，憍尸迦！若滿閻浮提衆生皆發阿耨多羅三藐三菩提心，若有善男子、善女人以般若波羅蜜經卷與之，令得書寫讀誦，是人以是因緣其福多不？」

釋提桓因言：「甚多！世尊！」

佛言：「憍尸迦！不如善男子、善女人以般若波羅蜜經卷與一阿毘跋致菩薩，作是念：『是菩薩於是中學，當能修習般若波羅蜜。』以是因緣般若波羅蜜增廣流布，福多於彼。憍尸迦！置是閻浮提及三千大千世界眾生，乃至十方如恒河沙等世界眾生皆發阿耨多羅三藐三菩提心，若有善男子、善女人以般若波羅蜜經卷與之，令得書寫讀誦，於意云何？是人以是因緣其福多不？」

釋提桓因言：「甚多！世尊！」

佛言：「不如善男子、善女人以般若波羅蜜經卷與一阿毘跋致菩薩，作是念：是菩薩於是中學，當能修習般若波羅蜜，以是因緣般若波羅蜜增廣流布，福多於彼。復次，憍尸迦！閻浮提所有眾生皆發阿耨多羅三藐三菩提心，若有善男子、善女人以般若波羅蜜經卷與之，為解其義，於意云何？是人以是因緣其福多不？」

釋提桓因言：「甚多！世尊！」

佛言：「憍尸迦！不如善男子、善女人以般若波羅蜜經卷與一阿毘跋致菩薩，為解其義，福多於彼。憍尸迦！置是閻浮提及三千大千世界眾生，乃至教十方如恒河沙等世界眾生皆發阿耨多羅三藐三菩提心，若有善男子、善女人以般若波羅蜜經卷與之，為解其義，於意云何？是人以是因緣其福多不？」

釋提桓因言：「甚多！世尊！」

佛言：「不如善男子、善女人以般若波羅蜜經卷與一阿毘跋致菩薩，為解其義，福多於彼。復次，憍尸迦！閻浮提所有眾生皆是阿毘跋致菩薩，若有善男子、善女人以般若波羅蜜義教之，於意云何？是人以是因緣其福多不？」

釋提桓因言：「甚多！世尊！」

佛言：「憍尸迦！於是中有一菩薩疾得阿耨多羅三藐三菩提，若有人以般若波羅蜜義教之，福多於彼。憍尸迦！置是閻浮提及三千大千世界眾生，乃至十方如恒河沙等世界眾生皆是阿毘跋致菩薩，若有善男子、善女人以般若波羅蜜義教之，於意云何？是人以是因緣其福多不？」

釋提桓因言：「甚多！世尊！」

佛言：「憍尸迦！於是中有一菩薩疾得阿耨多羅三藐三菩提，若有人以般若波羅蜜義教之，福多於彼。」

爾時釋提桓因白佛言：「如是！如是！世尊！隨菩薩近阿耨多羅三藐三菩提，轉應以般若波羅蜜義教之，亦轉應以衣服、飲食、臥具、醫藥而供養之，其福甚多。何以故？世尊！法應爾，隨近阿耨多羅三藐三菩提，得福轉多。」

爾時須菩提讚釋提桓因言：「善哉！善哉！憍尸迦！汝是聖弟子，法應佐助諸菩薩以阿耨多羅三藐三菩提，安慰護念。若佛初發阿耨多羅三藐三菩提心時，過去諸佛及諸弟子若不以六波羅蜜安慰佐助者，不能得阿耨多羅三藐三菩提。憍尸迦！佛初發意時，過去諸佛及諸弟子以六波羅蜜應安慰佐助故，得阿耨多羅三藐三菩提。」

*小品般若波羅蜜經☆迴向品第七

爾時彌勒菩薩語須菩提：「菩薩摩訶薩隨喜福德，於餘眾生布施、持戒、修禪福德，最大最勝最上最妙。」

爾時須菩提問彌勒菩薩：「若菩薩於十方無量阿僧祇世界過去無量滅度諸佛，是諸佛從初發心乃至得阿耨多羅三藐三菩提，入無餘涅槃乃至法欲滅時，於是中間所有應六波羅蜜善根福德，及諸聲聞弟子布施、持戒、修禪福德、所有學無學無漏福德，及諸佛戒品、定品、慧品、解脫品、解脫知見品，大慈大悲利安眾生，無量佛法及其所說，從是法中眾生受學，是諸眾生所有福德，及諸佛滅後眾生所種福德，合集稱量是諸福德，以最大最勝最上最妙心隨喜，隨喜已，迴向阿耨多羅三藐三菩提，作是*願：我此福德當得阿耨多羅三藐三菩提。若菩薩作是念：『我以是心迴向阿耨多羅三藐三菩提。』如心所緣，是諸緣諸事為可得不？」

彌勒言：「是諸緣諸事不可得，如心取相。」

須菩提言：「若是諸緣諸事不爾者，是人將無想顛倒、見顛倒、心顛倒，無常謂常、苦謂樂、不淨謂淨、無我謂我，生想顛倒、見顛倒、心顛倒？若諸緣諸事如實者，菩提亦如是，心亦如是。若諸緣諸事、菩提及心無異者，何等是隨喜心迴向阿耨多羅三藐三菩提？」

彌勒言：「須菩提！如是迴向法不應於新發意菩薩前說。所以者何？是人所有信樂恭敬淨心皆當滅失。須菩提！如是迴向法應於阿毘跋致菩薩前說。若與善知識相隨者說，是人聞是，不驚、不怖、不沒、不退。菩薩隨喜福德應如是迴向薩婆若，所用心迴向，是心即盡即滅，何等心是迴向阿耨多羅三藐三菩提？若用心心迴向，是二心不俱，又心性不可得迴向。」

爾時釋提桓因語須菩提：「新發意菩薩聞是事將無驚怖耶？菩薩今云何以隨喜福德如實迴向？」

爾時須菩提因彌勒菩薩作是言：「菩薩於過去諸佛，道已斷，行已滅，戲論盡，滅蕀刺，除重擔，得己利，盡有結，正智解脫，心得自在，無量阿僧祇世界中滅度諸佛所有善根福德勢力，及諸弟子於諸佛所所種善根，合集稱量是諸福德，以最大最勝最上最妙心隨喜，隨喜已，迴向阿耨多羅三藐三菩提。是菩薩今當云何不墮想顛倒、見顛倒、心顛倒？若是菩薩用是心迴向阿耨多羅三藐三菩提，於是心中不生心相，則是迴向阿耨多羅三藐三菩提。若是菩薩於是心中而生心相，則墮想顛倒、見顛倒、心顛倒。若菩薩隨喜時，是心盡滅相如實知盡滅相，盡滅相法則不可迴向，迴向心亦如是相，所迴向法亦如是相，若能如是迴向，是名正迴向，菩薩摩訶薩應以隨喜福德如是迴向。

「若菩薩於過去諸佛所有福德并諸弟子及凡夫人乃至畜生聞法種善根，及諸天、龍、夜叉，乾闥婆、阿修羅、迦樓羅、緊那羅、摩睺羅伽、人非人等聞法發應薩婆若心，合集稱量是諸福德，以最大最勝最上最妙心隨喜，隨喜已，迴向阿耨多羅三藐三菩提。若菩薩如是念：『是諸法皆盡滅，所迴向處亦盡滅。』是名隨喜福德正迴向阿耨多羅三藐三菩提。又菩薩如是知無有法能迴向法，是名正迴向阿耨多羅三藐三菩提。

「若菩薩如是迴向，則不墮想顛倒、見顛倒、心顛倒。何以故？是菩薩不貪著迴向故，是名無上迴向。若有菩薩於福德作起法取相分別，則不能以此福德迴向。何以故？是作起法皆是離相，隨喜福德亦是離相，若菩薩知所念作起法皆離相，當知是為行般若波羅蜜。又諸過去滅度佛善根福德亦如是迴向，所用迴向法性相亦如是，若能如是知，是名正迴向阿耨多羅三藐三菩提。何以故？諸佛不許取相迴向故。若法過去盡滅，是法無相，不可以相得。若如是亦分別，是名取相；若如是亦不分別，是名正迴向。

「云何不取相分別而能迴向？菩薩以是事故，應學般若波羅蜜方便，若不聞不得般若波羅蜜方便則不能入是事。若不聞不得般若波羅蜜方便，能以諸福德正迴向者，無有是處。何以故？是人於過去諸佛身及諸福德皆已滅度而取相分別，得是福德欲以迴向，如是迴向諸佛不許亦不隨喜。何以故？是皆於法有所得故。所謂於過去滅度諸佛取相分別，有所得而迴向，即是大貪著。以是有所得心迴向者，諸佛不說有大利益。

「何以故？是迴向名為雜毒衰惱。譬如美食其中有毒，雖有好色香美，以有毒故不可食之；愚癡無智之人若食此食，初雖香美可意，食欲消時有大苦報。如是有人不正受讀誦，不解其義，而教諸弟子迴向語言：『善男子來！如過去、未來、現在諸佛戒品、定品、慧品、解脫品、解脫知見品，并諸聲聞弟子及凡夫人所種善根，及諸佛與衆生授辟支佛記，是辟支佛所種善根，及與菩薩受阿耨多羅三藐三菩提記，是諸菩薩所種善根，合集稱量是諸福德隨喜，隨喜已，迴向阿耨多羅三藐三菩提。』是人如是迴向，是迴向取相分別故，名為雜毒，如雜毒食，有所得者無有迴向。何以故？是有所得皆是雜毒故。

「以是故菩薩應如是思惟：過去、未來、現在諸佛善根福德應云何迴向，名為正迴向至阿耨多羅三藐三菩提？若菩薩欲不謗諸佛，應如是迴向：『如諸佛所知福德何相、何性、何體、何實，我亦如是隨喜，我以是隨喜迴向阿耨多羅三藐三菩提。』菩薩如是迴向則無有咎，不謗諸佛。如是迴向則不雜毒，亦名隨諸佛教。

「復次，菩薩應以隨喜福德如是迴向：『如戒品、定品、慧品、解脫品、解脫知見品，不繫欲界、不繫色界、不繫無色界，非過去、非未來、非現在。以無繫故，是福德迴向亦無繫，所迴向法亦無繫，迴向處亦無繫。』若能如是迴向則不雜毒，若不如是迴向，名為邪迴向。菩薩迴向法如三世諸佛所知迴向，我亦如是迴向阿耨多羅三藐三菩提，是名正迴向。」

爾時佛讚須菩提言：「善哉！善哉！須菩提！汝能為諸菩薩摩訶薩作佛事。須菩提！若有三千大千世界眾生皆行慈悲喜捨心、四禪、四無色定、五神通，不如是菩薩迴向福德，最大最勝最上最妙。復次，須菩提！若有三千大千世界眾生皆發阿耨多羅三藐三菩提心，是一一菩薩於恒河沙等劫，以有所得心供養如恒河沙等世界眾生衣服、飲食、臥具、醫藥、一切樂具，如是一一菩薩皆於恒河沙等劫，以有所得心供養是諸眾生衣服、飲食、臥具、醫藥、一切樂具，於意云何？是諸菩薩以是因緣得福多不？」

須菩提言：「甚多！世尊！不可譬喻。若是福德有形，恒河沙等世界所不能受。」

佛讚須菩提言：「善哉！善哉！須菩提！若菩薩為般若波羅蜜所護故，能以是福德迴向，於前有所得心布施福德，百分不及一，千、萬、億分不及一，乃至算數譬喻所不能及。」

爾時四天王天上二萬天子合掌禮佛，作是言：「世尊！是菩薩迴向名為大迴向，以方便故勝於有所得菩薩布施福德。何以故？是菩薩迴向為般若波羅蜜所護故。」

爾時忉利天上十萬天子，以天花香、塗香、末香、天衣、幢幡、天諸伎樂而供養佛，皆作是言：「世尊！是菩薩迴向名為大迴向，以方便故勝於有所得菩薩布施福德。何以故？是菩薩迴向為般若波羅蜜所護故。」

夜摩天上十萬天子、兜率陀天上十萬天子、化樂天上十萬天子、他化自在天上十萬天子，皆以天華、天香乃至伎樂而供養佛，皆作是言：「世尊！是菩薩迴向名為大迴向，以方便故勝於有所得菩薩布施福德。何以故？是菩薩迴向為般若波羅蜜所護故。」

梵世諸天子大聲唱言：「是菩薩迴向名為大迴向，以方便故勝於有所得菩薩布施福德。何以故？是菩薩迴向為般若波羅蜜所護故。」

梵輔天、梵眾天、大梵天、光天、少光天、無量光天、光音天、淨天、少淨天、無量淨天、遍淨天、無雲行天、福生天、廣果天、無廣天、無熱天、妙見天、善見天、*阿迦膩吒。天上諸天子合掌禮佛，皆作是言：「世尊！是善男子、善女人求佛道者甚為希有，為般若波羅蜜所護故，能勝有所得菩薩布施福德。何以故？是菩薩迴向為般若波羅蜜所護故。」

爾時佛告淨居諸天子：「置是三千大千世界眾生，若十方恒河沙等世界眾生皆發阿耨多羅三藐三菩提心，是一一菩薩於恒河沙等劫，以有所得心供養十方如恒河沙等世界眾生衣服、飲食、臥具、醫藥、一切樂具，如是一一菩薩皆於恒河沙等劫，以有所得心供養是諸眾生衣服、飲食、臥具、醫藥、一切樂具，若有菩薩於過去、未來、現在諸佛所有戒品、定品、慧品、解脫品、解脫知見品并諸聲聞弟子及凡夫人所種善根，合集稱量是諸福德，以最大最勝最上最妙心隨喜，隨喜已，迴向阿耨多羅三藐三菩提，其福甚多。」

爾時須菩提白佛言：「世尊！如佛所說，是諸福德合集稱量，以最大最勝最上最妙心隨喜，隨喜已，迴向阿耨多羅三藐三菩提，世尊！云何名為最大最勝最上最妙隨喜？」

佛告須菩提：「若菩薩於過去、未來、現在諸法，不取、不捨、不念、不得，於此中無有法若已生滅、若今生滅、若當生滅，如諸法實相，隨喜迴向阿耨多羅三藐三菩提亦如是。須菩提！是名菩薩最大最勝最上最妙隨喜迴向。復次，須菩提！菩薩若欲於過去、未來、現在諸佛布施、持戒、忍辱、精進、禪定、智慧、解脫、解脫知見隨喜，應如是隨喜，如解脫持戒亦如是，如解脫、定*慧、解脫、解脫知見亦如是，如解脫信解亦如是，如解脫隨喜亦如是，如解脫未來未生法亦如是，如解脫過去無量阿僧祇世界諸佛及弟子亦如是，如解脫今現在十方無量阿僧祇世界諸佛及弟子亦如是，如解脫未來無量阿僧祇世界諸佛及弟子亦如是，是諸法相不繫、不縛、不解、不脫，以是迴向阿耨多羅三藐三菩提不生不滅故，須菩提！是名菩薩最大最勝最上最妙隨喜迴向。以是迴向勝於十方如恒河沙等世界諸菩薩以有所得心皆於恒河沙劫供養十方如恒河沙等世界眾生衣服、飲食、臥具、醫藥、一切樂具，以有所得心布施、持戒、忍辱、精進、禪定，於此隨喜迴向福德，百分不及一，百、千、萬、億分不及一，乃至算數譬喻所不能及。」

*小品般若波羅蜜經☆泥犁品第八

爾時舍利弗白佛言：「世尊！是般若波羅蜜。」

佛言：「是般若波羅蜜。」

「世尊！般若波羅蜜能作照明。世尊！般若波羅蜜所應敬禮。世尊！般若波羅蜜能與光明。世尊！般若波羅蜜除諸闇冥。世尊！般若波羅蜜無所染污。世尊！般若波羅蜜多所利益。世尊！般若波羅蜜多所安隱。世尊！般若波羅蜜能與盲者眼。世尊！般若波羅蜜能令邪行者入正道。世尊！般若波羅蜜即是薩婆若。世尊！般若波羅蜜是諸菩薩母。世尊！般若波羅蜜非生法者非滅法者。世尊！般若波羅蜜具足三轉十二相法輪。世尊！般若波羅蜜能為孤窮者作救護。世尊！般若波羅蜜能滅生死。世尊！般若波羅蜜能示一切法性。世尊！應云何敬視般若波羅蜜？」

佛言：「如敬視佛，敬禮般若波羅蜜如敬禮佛。」

爾時釋提桓因心念：「舍利弗何因緣作是問？」念已，問舍利弗：「何因緣作是問？」

舍利弗言：「菩薩摩訶薩以般若波羅蜜隨喜福德迴向薩婆若故，於上諸菩薩所有布施、持戒、忍辱、精進、禪定等，其福最勝，是故我作是問。憍尸迦！譬如盲人，雖有百千萬眾，無有導者不能進趣城邑聚落。憍尸迦！五波羅蜜離般若波羅蜜亦如盲人無導，不能修道至薩婆若。若五波羅蜜為般若波羅蜜所護則為有目，般若波羅蜜力故五波羅蜜得[2]波羅蜜名。」

舍利弗白佛言：「世尊！云何生般若波羅蜜？」

佛言：「若菩薩不生色則生般若波羅蜜，不生受、想、行、識則生般若波羅蜜，如是生般若波羅蜜為成何法？舍利弗！如是生般若波羅蜜於法無所成，若無所成則名般若波羅蜜。」

釋提桓因白佛言：「世尊！般若波羅蜜亦不成薩婆若耶？」

「憍尸迦！般若波羅蜜成薩婆若，但不如名相作起法成。」

「世尊！當云何成？」

佛言：「如不成如是成。」

釋提桓因白佛言：「希有！世尊！般若波羅蜜不為生、不為滅故有。」

須菩提白佛言：「世尊！菩薩如是亦分別則失般若波羅蜜，則遠離般若波羅蜜。」

佛告須菩提：「有是因緣，若菩薩謂般若波羅蜜空無所有，則失般若波羅蜜，則遠般若波羅蜜，須菩提！是名菩薩般若波羅蜜。」

「世尊！說般若波羅蜜為示何法？」

「須菩提！說般若波羅蜜，不示色，不示受、想、行、識，不示須陀洹果、斯陀含果、阿那含果、阿羅漢果、辟支佛道，不示佛法。」

須菩提言：「世尊！摩訶波羅蜜是般若波羅蜜。」

佛言：「須菩提！於意云何？以是因緣摩訶波羅蜜是般若波羅蜜？」

須菩提言：「般若波羅蜜於色不作大，不作小，不作合，不作散；於受、想、行、識不作大，不作小，不作合，不作散。世尊！般若波羅蜜於佛十力不作強，不作弱，四無所畏乃至薩婆若不作合，不作散。世尊！菩薩如是亦分別則不行般若波羅蜜。何以故？般若波羅蜜無如是相。我當度若干衆生，即是菩薩計有所得。所以者何？衆生不生故般若波羅蜜不生，衆生無性故般若波羅蜜無性，衆生離相故般若波羅蜜離相，衆生不滅故般若波羅蜜不滅，衆生不可思議故般若波羅蜜不可思議，衆生不可知故般若波羅蜜不可知，衆生力集故如來力亦集。」

舍利弗白佛言：「世尊！菩薩若能信是深般若波羅蜜，不疑不悔不難，隨順解義，是人從何處終來生此間？」

佛言：「舍利弗！是菩薩於他方佛土命終來生此間。舍利弗！菩薩從他方佛土來者，曾已親近供養諸佛問其中義，今聞般若波羅蜜即生歡喜如從佛聞，若見般若波羅蜜如見佛。」

須菩提白佛言：「世尊！般若波羅蜜可聞可見耶？」

佛言：「不也！」

「世尊！是菩薩發心已來，幾時能修習般若波羅蜜？」

「須菩提！是事應分別。有菩薩得值若干百千萬億佛，於諸佛所修行梵行。有於大眾聞深般若波羅蜜，無恭敬心即時捨去。須菩提！當知是人本於過去諸佛聞說般若波羅蜜捨去故，於今聞深般若波羅蜜亦捨去，身心不和起無智業，積集無智業因緣故，誹謗拒逆般若波羅蜜。須菩提！誹謗拒逆深般若波羅蜜者即誹謗拒逆薩婆若，誹謗拒逆薩婆若者即誹謗拒逆三世諸佛。須菩提！是愚癡人起如是破法重罪業故，若干百千萬劫受大地獄罪，從一大地獄至一大地獄。從一大地獄至一大地獄受罪時，若火劫起，墮他方大地獄，於彼亦從一大地獄至一大地獄。從一大地獄至一大地獄受罪時，若彼火劫起，復墮他方大地獄。墮他方大地獄已，復從一大地獄至一大地獄。從一大地獄至一大地獄受罪時，若彼火劫起，還來墮此大地獄中。是人於此復從一大地獄至一大地獄受諸劇苦，如是展轉乃至火劫復起，受是無量苦惱業報。何以故？起惡口業故。」

爾時舍利弗白佛言：「世尊！如是⊙罪業似五逆罪？」

「舍利弗！汝勿謂此破法罪似五逆罪。何以故？是人聞說深般若波羅蜜誹謗拒逆，作是念：不應學是法，是法非佛所說。以是因緣，其罪轉增故，亦令他人離般若波羅蜜，佛言是人自壞身亦壞他人身，自飲毒亦飲他人毒，自亡失亦亡失他人，自不知不解般若波羅蜜，亦教他人不知不解。舍利弗！我尚不聽是人出家，何況於我法中而受供養！何以故？當知是人為污法者，當知是人為是糟粕，其性濁黑，若有衆生信受其言者，亦當受是劇苦重罪。何以故？舍利弗！若破般若波羅蜜，若污般若波羅蜜，當知是人破法污法者。」

舍利弗白佛言：「世尊！不說是人受身大小？」

佛告舍利弗：「置是人身量大小，不須說也。是人若聞說其身量，熱血當從口出，若死若近死。若聞說其身量，自知此罪，憂愁深入身體乾消，是故不須說其受身大小。」

舍利弗白佛言：「世尊！唯願佛說是人身量，令後世人得為明戒，知以是罪業故受是大身。」

佛告舍利*弗：「是事足為後世眾生作大明戒，積集如是罪業因緣故，受如是無量無邊久劇苦惱。舍利弗！是事足為善人作大明戒。」

須菩提白佛言：「世尊！善男子、善女人應善守護身業、口業、意業。世尊！但以口業因緣故得如是重罪耶？」

佛告須菩提：「以口業因緣故得如是重罪。須菩提！我法中多有如是等癡人，誹謗拒逆深般若波羅蜜。須菩提！誹謗拒逆深般若波羅蜜者，即誹謗拒逆阿耨多羅三藐三菩提。誹謗拒逆阿耨多羅三藐三菩提者，即誹謗拒逆過去、未來、現在諸佛薩婆若。誹謗拒逆薩婆若者，即誹謗拒逆法寶。誹謗拒逆法寶者，即誹謗拒逆僧寶。誹謗拒逆三寶故，即起無量無邊重罪之業。」

須菩提白佛言：「世尊！若人誹謗拒逆深般若波羅蜜有幾因緣？」

「須菩提！是癡人①為魔所使，①於深妙法不信不解。復次，須菩提！是癡人得惡知識，不樂不喜修習善法，又深貪著常求他過，自高其身卑下他人。須菩提！以是因緣故誹謗拒逆深般若波羅蜜。」

須菩提白佛言：「世尊！不精進者信解般若波羅蜜甚難。」

佛言：「如是！如是！須菩提！不精進者信解般若波羅蜜甚難。」

「世尊！云何不精進者信解般若波羅蜜甚難？」

「須菩提！色無縛無解，何以故？色真性是色。受、想、行、識無縛無解，何以故？識真性是識。復次，須菩提！色前際無縛無解，何以故？色前際真性是色。色後際無縛無解，何以故？色後際真性是色。現在色無縛無解，何以故？現在色真性是色。須菩提！受、想、行、識前際無縛無解，何以故？識前際真性是識。識後際無縛無解，何以故？識後際真性是識。現在識無縛無解，何以故？現在識真性是識。」

「世尊！般若波羅蜜甚深，不精進者信解甚難。」

佛言：「如是！如是！須菩提！深般若波羅蜜不精進者信解甚難。須菩提！

色淨即是果淨，色淨故果亦淨；受、想、行、識淨即是果淨，受、想、行、識淨故果亦淨。復次，須菩提！色淨即是薩婆若淨，薩婆若淨故色淨。須菩提！色淨、薩婆若淨，無二無別，無異無壞。受、想、行、識淨即是薩婆若淨，薩婆若淨故受、想、行、識淨。須菩提！薩婆若淨、受、想、行、識淨，無二無別，無異無壞。」

小品般若波羅蜜經卷第三

小品般若波羅蜜經卷第四

後秦龜茲國三藏鳩摩羅什譯

⊙小品般若波羅蜜經☆歎淨品第九

爾時舍利弗白佛言：「世尊！是淨甚深。」
佛言：「淨故。」
「世尊！是淨明。」
佛言：「淨故。」
「世尊！是淨不生欲界，不生色界，不生無色界。」
佛言：「淨故。」

「世尊！是淨無垢無淨。」

佛言：「淨故。」

「世尊！是淨無得無果。」

佛言：「淨故。」

「世尊！是淨不作不起。」

佛言：「淨故。」

「世尊！是淨無知。」

佛言：「淨故。」

「世尊！是淨不知色，不知受、想、行、識。」

佛言：「淨故。」

「世尊！般若波羅蜜於薩婆若不增不減。」

佛言：「淨故。」

「世尊！般若波羅蜜淨故，於法無所取。」

佛言：「淨故。」

爾時須菩提白佛言：「世尊！我淨故色淨。」

佛言：「畢竟淨故。」

「世尊！我淨故受、想、行、識淨。」

佛言：「畢竟淨故。」

「世尊！我淨故果淨。」

佛言：「畢竟淨故。」

「世尊！我淨故薩婆若淨。」

佛言：「畢竟淨故。」

「世尊！我淨故無得無果。」

佛言：「畢竟淨故。」

「世尊！我無邊故色無邊。」

佛言：「畢竟淨故。」

「世尊！我無邊故受、想、行、識無邊。」

佛言：「畢竟淨故。」

「世尊！如是如是名菩薩般若波羅蜜耶？」

「須菩提！畢竟淨故。」

「世尊！般若波羅蜜非此岸，非彼岸，非中流。」

佛言：「畢竟淨故。」

「世尊！菩薩若如是亦分別即失般若波羅蜜，即遠般若波羅蜜。」

佛言：「善哉！善哉！須菩提！從名相故生著。」

「希有！世尊！善說般若波羅蜜中著。」

爾時舍利弗語須菩提：「何因緣故名為著？」

「舍利弗！若善男子、善女人分別色空即名為著，分別受、想、行、識空即名為著，分別過去法、未來法、現在法即名為著，初發心菩薩得若干福德即名為著。」

釋提桓因問須菩提言：「何因緣是事名為著？」

「憍尸迦！是人分別是心，以是心迴向阿耨多羅三藐三菩提。憍尸迦！心性不可迴向，是故菩薩若欲教他化人阿耨多羅三藐三菩提，應如諸法實相示教利喜，如是則不自傷，是佛所許，是佛所教，善男子、善女人亦離諸著。」

爾時佛讚須菩提言：「善哉！善哉！汝能示諸菩薩著法。須菩提！我當更說微細著法，汝今善聽！」

須菩提言：「唯然受教！」

佛言：「若善男子、善女人取相念諸佛，隨所取相皆名為著。過去、未來、現在諸佛所有無漏法皆隨喜，隨喜已，迴向阿耨多羅三藐三菩提，即亦是著。何以故？須菩提！諸法性非過去，非未來，非現在，不可取相，不可緣，不可見，不可聞，不可覺，不可知，不可迴向。」

「世尊！是諸法性甚深。」

佛言：「畢竟離故。」

「世尊！我敬禮般若波羅蜜。」

佛言：「佛得是無作法故。」

「世尊！佛得一切法。」

「如是！須菩提！如來得一切法。須菩提！法性唯一，無二無三，是性亦非性非作。須菩提！菩薩能如是知則離諸著。」

「世尊！般若波羅蜜甚為難知。」

「須菩提！無有知者故。」

「世尊！般若波羅蜜不可思議。」

「須菩提！般若波羅蜜不可以心知故。」

「世尊！般若波羅蜜無所作。」

「須菩提！作者不可得故。」

「世尊！菩薩當云何行般若波羅蜜？」

「須菩提！若菩薩不行色即行般若波羅蜜，不行受、想、行、識即行般若波羅蜜。若不行色不滿足⊙相即行般若波羅蜜，不行受、想、行、識不滿足⊙相即行般若波羅蜜。何以故？色不滿足則非色，受、想、行、識不滿足則非識，若能如是行不滿足相即行般若波羅蜜。」

須菩提言：「希有！世尊！於諸著中說無所著。」

「須菩提！若菩薩不行色，不著相，即行般若*波羅蜜，不行受、想、行、識，不著相，即行般若波羅蜜。菩薩如是行，於色不生著，於受、想、行、識不生著，於須陀洹果、斯陀含果、阿那含果、阿羅漢果、辟支佛道不生著，乃至薩婆若亦不生著。何以故？過諸著故，名無礙薩婆若。須菩提！菩薩欲過諸著，應如是思惟般若波羅蜜。」

須菩提白佛言：「希有！世尊！是法甚深，若說不減，不說亦不減，若說不增，不說亦不增。」

佛言：「如是！如是！須菩提！如佛盡壽稱讚虛空，虛空不減，不稱讚亦不減，稱讚不增，不稱讚亦不增。須菩提！譬如稱讚幻所化人亦不喜，不稱讚亦不瞋。須菩提！諸法性亦如是，若說亦不增，不說亦不減。」

「世尊！菩薩所為甚難，修行般若波羅蜜時，心無增減，亦不退不轉。世尊！修習般若波羅蜜如修習虛空。世尊！菩薩為度一切衆生故發大莊嚴，應當敬禮。世尊！菩薩為衆生故發大莊嚴，如人與虛空共鬪。世尊！菩薩為衆生故發大莊嚴，如人與虛空諍訟。世尊！是菩薩名為發大莊嚴。世尊！菩薩為衆生故發大莊嚴，如人欲舉虛空。世尊！是菩薩名為度精進彼岸，名為勇健，名為同虛空諸法故，發阿耨多羅三藐三菩提。」

爾時會中有一比丘作是念：「我敬禮般若波羅蜜，般若波羅蜜中無有法生，無有法滅。」

爾時釋提桓因語須菩提：「若菩薩修習深般若波羅蜜，為修習何法？」

「憍尸迦！若菩薩修習深般若波羅蜜，即是修習虛空。」

釋提桓因白佛言：「世尊！若人能受持讀誦般若波羅蜜，我當守護。」

須菩提語釋提桓因：「汝見是法可守護耶？」

釋提桓因言：「不見也。」

「憍尸迦！若菩薩如般若波羅蜜所說行即是守護，若菩薩或時遠離般若波羅蜜，人若非人則得其便。憍尸迦！若人欲守護行般若波羅蜜者，則為欲守護虛空。憍尸迦！於意云何？汝能守護響不？」

釋提桓因言：「不能也。」

「憍尸迦！菩薩亦如是，行般若波羅蜜，知一切法空如響，如是亦不分別，當知是為行般若波羅蜜。」

爾時佛以神力令三千大千世界所有四天王天及諸釋提桓因、娑婆世界主、諸梵天王，皆來至佛所，頭面禮佛足，却住一面。四天王、諸釋提桓因、諸梵天王等，以佛神力得見千佛如是相、如是名，說般若波羅蜜品者皆名須菩提，難問者亦如釋提桓因，彌勒菩薩當成阿耨多羅三藐三菩提，亦於此土說般若波羅蜜。

爾時須菩提白佛言：「世尊！彌勒菩薩成阿耨多羅三藐三菩提時，於是處云何說般若波羅蜜？」

「須菩提！彌勒菩薩成阿耨多羅三藐三菩提時，說般若波羅蜜，不說色空，不說受、想、行、識空；不說色縛，不說色解，不說受、想、行、識縛，不說受、想、行、識解。」

須菩提言：「世尊！般若波羅蜜清淨。」

佛言：「色淨故般若波羅蜜清淨，受、想、行、識淨故般若波羅蜜清淨。」

佛言：「虛空淨故般若波羅蜜清淨，色無染故般若波羅蜜清淨，受、想、行、識無染故般若波羅蜜清淨，須菩提！虛空無染故般若波羅蜜清淨。」

「世尊！若有善男子、善女人能受持讀誦般若波羅蜜者，終不橫死，若干百千諸天皆共隨從，若月八日、十四日、十五日、二十三日、二十九日、三十日，在在處處說般若波羅蜜，其福甚多。」

佛言：「如是！如是！須菩提！是人說般若波羅蜜，得福甚多。須菩提！般若波羅蜜多有留難。何以故？般若波羅蜜是大珍寶，於法無所著無所取。所以者何？謂諸法無所有不可得故。須菩提！般若波羅蜜無所得故，無能染污。何以故。世尊！不可破波羅蜜是般若波羅蜜，諸法不可得故。世尊！無處波羅蜜是般若波羅蜜，諸法無形無名故。世尊！無去波羅蜜是般若波羅蜜，諸法無來故。世尊！無奪波羅蜜是般若波羅蜜，諸法不可取故。世尊！⊙無盡波羅蜜是般若波羅蜜，諸法無盡故。世尊！無生波羅蜜是般若波羅蜜，諸法無生故。世尊！無作波羅蜜是般若波羅蜜，作者不可得故。世尊！不出波羅蜜是般若波羅蜜，出者不可得故。世尊！不至波羅蜜是般若波羅蜜，無退沒故。世尊！無垢波羅蜜是般若波羅蜜，諸煩惱清淨故。世尊！無污波羅蜜是般若波羅蜜，處不污故。世尊！不滅波羅蜜是般若波羅蜜，諸法離前際故。世尊！幻波羅蜜是般若波羅蜜，諸法不生故。世尊！夢波羅蜜是般若波羅蜜，意識平等故。世尊！不戲波羅蜜是般若波羅蜜，諸戲平等故。世尊！不念波羅蜜是般若波羅蜜，諸念不生故。世尊！不動波羅蜜是般若波羅蜜，法性常住故。世尊！離欲波羅蜜是般若波羅蜜，諸法不虛誑故。世尊！不起波羅蜜是般若波羅蜜，諸法無分別故。世尊！寂滅波羅蜜是般若波羅蜜，諸法相不可得故。世尊！無煩惱波羅蜜是般若波羅蜜，諸法無過咎故。世尊！無衆生波羅蜜是般若波羅蜜，衆生際不可得故。世尊！不斷波羅蜜是般若波羅蜜，諸法不起故。世尊！無二邊波羅蜜是般若波羅蜜，諸法無著故。世尊！不異波羅蜜是般若波羅蜜，諸法不和合故。世尊！不著波羅蜜是般若波羅蜜，不分別聲聞、辟支佛地故。世尊！不分別波羅蜜是般若波羅蜜，諸分別平等故。世尊！無量波羅蜜是般若波羅蜜，量法不生故。世尊！虛空波羅蜜是般若波羅蜜，諸法無障礙故。世尊！不生波羅蜜是般若波羅蜜，諸法不起故。世尊！無常波羅蜜是般若波羅蜜，諸法不失故。世尊！苦波羅蜜是般若波羅蜜，諸法無苦惱故。世尊！無我波羅蜜是般若波羅蜜，諸法無所貪著故。世尊！空波羅蜜是般若波羅蜜，諸法無所得故。世尊！無相波羅蜜是般若波羅蜜，諸法相不可得故。世尊！無作波羅蜜是般若波羅蜜，諸法無所成故。世尊！力波羅蜜是般若波羅蜜，諸法不可破故。世尊！無量佛法波羅蜜是般若波羅蜜，過算數法故。世尊！無所畏波羅蜜是般若波羅蜜，心不沒故。世尊！如波羅蜜是般若波羅蜜，諸法不異故。世尊！自然波羅蜜是般若波羅蜜，諸法無性故。」

*小品般若波羅蜜經☆不可思議品第十

爾時釋提桓因作是念：「若人得聞般若波羅蜜者，當知是人已曾供養諸佛，何況受持讀誦，如所說學，如所說行！若人聞說深般若波羅蜜，受持讀誦，如所說行，當知是人已曾多供養佛廣問其義，於過去諸佛聞深般若波羅蜜，不驚不怖。」

爾時舍利*弗白佛言：「世尊！若菩薩摩訶薩能信解深般若波羅蜜，當知是菩薩如阿毘跋致。何以故？世尊！若人於過去世不久行深般若波羅蜜，則不能信解。世尊！若有誹謗拒逆般若波羅蜜⊙者，當知是人久已誹謗拒逆般若波羅蜜。何以故？是人於深般若波羅蜜無有信心，無清淨心，亦不問諸佛及諸佛弟子所疑。」

爾時釋提桓因語舍利弗：「是般若波羅蜜甚深，若不久行菩薩道不能信解，有何可怪？若人敬禮般若波羅蜜，即是敬禮薩婆若智。」

舍利弗言：「如是！如是！憍尸迦！若人敬禮般若波羅蜜，即是敬禮薩婆若智。從般若波羅蜜生諸佛薩婆若智，從薩婆若智還生般若波羅蜜。菩薩應如是住般若波羅蜜，應如是習般若波羅蜜。」

釋提桓因白佛言：「世尊！云何菩薩行般若波羅蜜，名為住般若波羅蜜？名為習般若波羅蜜？」

佛告釋提桓因言：「善哉！善哉！憍尸迦！汝能問佛是義，汝所問者皆是佛力。憍尸迦！若菩薩行般若波羅蜜不住色，若不住色即是習色；不住受、想、行、識，若不住識即是習識。復次，憍尸迦！若菩薩不習色，若不習色即不住色；不習受、想、行、識，若不習識即不住識。如是，憍尸迦！是名菩薩習般若波羅蜜，住般若波羅蜜。」

舍利弗白佛言：「世尊！般若波羅蜜甚深，無量無底。」

佛告舍利弗：「若菩薩摩訶薩不住色甚深，是為習色甚深；不住受、想、行、識甚深，是為習識甚深。復次，舍利弗！若菩薩摩訶薩不習色甚深，是為不住色甚深；不習受、想、行、識甚深，是為不住識甚深。」

「世尊！◎是深般若波羅蜜應於阿毘跋致菩薩前說，是人聞是不疑不悔。」

爾時釋提桓因語舍利*弗：「若於未受記菩薩前說，當有何咎？」

「憍尸迦！若未受記菩薩得聞深般若波羅蜜，當知是菩薩久發大乘心，近於受記，不久必得受記，若過一佛、二佛，當得受阿耨多羅三藐三菩提記。」

佛言：「如是！如是！舍利*弗！若未受記菩薩得聞深般若波羅蜜，當知是菩薩久發大乘心。」

舍利弗白佛言：「世尊！我今當說譬喻。」

佛言：「樂說便說。」

「世尊！譬如求菩薩道者夢坐道場，知是菩薩當近阿耨多羅三藐三菩提。若求菩薩道者得聞深般若波羅蜜，當知是菩薩久發大乘心，善根成就，近於受記，不久必得受記。」

佛言：「善哉！善哉！舍利弗！汝承佛神力復更說之。」

「世尊！譬如有人欲過險道，若百由旬，若二百、若三百、若四百、若五百由旬，欲出難時先見諸相，若見放牛羊者，若見疆界，若見園林，見如是相故當知此中必有城邑聚落。見是相已，作是念：『如我所見之相，城邑聚落去此不遠。』其心安隱，不復畏有怨家賊害。世尊！菩薩亦如是，若得得聞深般若波羅蜜，當知是菩薩近於受記，不久必得受記，爾時不畏墮聲聞、辟支佛地。何以故？是菩薩得是本相，所謂得見深般若波羅蜜，得聞深般若波羅蜜。世尊！譬如有人欲見大海，稍稍前行，若見樹若樹相，若見山若山相，當知是中去海尚遠。若不見樹，無樹相，不見山，無山相，當知大海去是不遠，大海深故無有山樹，是人雖不見海知必近之。世尊！菩薩亦如是，得聞深般若波羅蜜，雖未於現在諸佛前受記，自知必近阿耨多羅三藐三菩提。何以故？我得見聞供養深般若波羅蜜故。世尊！譬如春時樹葉零落，當知此樹華葉果實將生不久。何以故？本相現故。閻浮提人見樹本相，皆悉歡喜，作是念：『是樹不久當生華葉果實。』世尊！菩薩亦如是，若得見聞深般若波羅蜜，當知是菩薩善根成就，宿世善根因緣故今得見聞☆深般若波羅蜜，會中曾有見佛諸天，皆大歡喜，作是念：『先諸菩薩亦有如是受記本相，是菩薩不久當得受阿耨多羅三藐三菩提記。』世尊！譬如女人懷

「須菩提！色不可思議，受、想、行、識不可思議，若菩薩不分別色不可思議，不分別受、想、行、識不可思議，是為行般若波羅蜜。」

「世尊！般若波羅蜜如是誰能信解？」

「須菩提！若久行菩薩道者。」

「世尊！云何菩薩得名久行？」

「須菩提！若菩薩行般若波羅蜜，不分別佛十力、四無所畏，乃至不分別薩婆若，是名久行。何以故？佛十力不可思議，四無所畏、十八不共法不可思議，乃至薩婆若不可思議，色不可思議，受、想、行、識不可思議，一切法亦不可思議。菩薩如是行者，是名無處所行而行般若波羅蜜，是故名為久行。」

「世尊！般若波羅蜜甚深，般若波羅蜜是珍寶聚，如虛空清淨。希有！世尊！般若波羅蜜多起留難，若欲書寫者，乃至一歲當疾書成。」

佛言：「如是！如是！須菩提！若善男子、善女人欲書寫讀誦，如所說行般若波羅蜜，乃至一歲當疾疾為之。須菩提！珍寶法⊙中多有怨賊。」

「世尊！般若波羅蜜惡魔常欲伺求斷絕。」

「須菩提！惡魔雖欲伺求斷絕亦不能得。」

舍利弗白佛言：「世尊！誰神力故惡魔不能留難般若波羅蜜？」

「舍利弗！佛神力故惡魔不能留難。舍利弗！亦是十方無量世界現在諸佛神力故惡魔不能留難，諸佛皆共護念是菩薩故惡魔不能得便。何以故？舍利弗！菩薩為諸佛所護者法應無有留難。何以故？舍利弗！若人書寫讀誦說般若波羅蜜，十方無量阿僧祇現在諸佛法應護念。若有誦般若波羅蜜，當知是菩薩佛護念故能誦通利。」

「世尊！善男子、善女人能受持讀誦般若波羅蜜，當知是人佛眼所見。」

「舍利弗！若善男子、善女人能受持讀誦般若波羅蜜乃至書寫，當知是人佛眼所見。舍利弗！若求佛道善男子、善女人受持讀誦般若波羅蜜，則近阿耨多羅三藐三菩提，乃至自書若使人書，書已受持讀誦，以是因緣其福甚多。舍利弗！如來滅後般若波羅蜜當流布南方，從南方流布西方，從西方流布北方。舍利弗！

我法盛時無有滅相，北方若有乃至書寫受持供養般若波羅蜜者，是人亦為佛眼所見所知所念。」

舍利弗白佛言：「世尊！後五百歲時般若波羅蜜當廣流布北方耶？」

「舍利弗！後五百歲當廣流布北方。其中善男子、善女人聞般若波羅蜜，受持讀誦修習，當知⊙是久發阿耨多羅三藐三菩提心。」

「世尊！北方當有幾所菩薩能受持讀誦修習般若波羅蜜？」

「舍利弗！北方雖多有菩薩能讀⊙誦聽受般若波羅蜜，少能誦利修習行者。是人得聞⊙般若波羅蜜☆亦不驚不怖，是人曾已見佛諮請問難，當知是人為能具足行菩薩道，為阿耨多羅三藐三菩提故，能利益無量眾生。何以故？舍利弗！我為是善男子、善女人說應薩婆若法，是人轉身亦復樂說阿耨多羅三藐三菩提，一心和同，乃至魔王不能壞其阿耨多羅三藐三菩提心。是人聞般若波羅蜜，心大歡喜，心得清淨，令多眾生種阿耨多羅三藐三菩提善根，是善男子、善女人於我前作是言：『我等行菩薩道，常當以法示教利喜無量百千萬眾生，令住阿耨多羅三藐三菩提。』舍利弗！我觀其心則生隨喜，是人行菩薩道當以法示教利喜無量百千萬衆生，令住阿耨多羅三藐三菩提。如是善男子、善女人心樂大乘，願生他方。⊙佛國☆現在佛前說法之處，於彼續復廣聞說般若波羅蜜，於彼佛土亦復以法示教利喜無量百千萬衆生，令住阿耨多羅三藐三菩提。」

舍利弗白佛言：「希有！世尊！如來於過去、未來、現在諸法，無法不知，無法不識，如來於*未來世諸菩薩以多欲多精進勤求般若波羅蜜，是善男子、善女人有求而得，有不求而得，如來悉知。」

「舍利弗！多有善男子、善女人精進不懈故，般若波羅蜜不求而得。」

「世尊！是善男子、善女人餘經應六波羅蜜者，亦不求而得耶？」

「舍利弗！若有餘應諸波羅蜜深經，是善男子、善女人亦不求而得。何以故？舍利弗！法應爾。若有菩薩為諸衆生示教利喜阿耨多羅三藐三菩提，亦自於中學，是人轉身應諸波羅蜜深經亦不求而得。」

小品般若⊙波羅蜜☆經卷第四

小品般若波羅蜜經卷第五

後秦龜茲國三藏鳩摩羅什譯

⊙小品般若波羅蜜經☆魔事品第十一

爾時須菩提白佛言：「世尊！已說善男子、善女人功德，云何起留難？」

「須菩提！若說法者不即樂說，菩薩當知是為魔事。復次，須菩提！說法者樂說不止，菩薩當知是為魔事。須菩提！說法者說不究竟，菩薩當知是為魔事。須菩提！書讀誦說般若波羅蜜時傲慢自大，菩薩當知是為魔事。須菩提！書讀誦說般若波羅蜜時互相嗤笑，菩薩當知是為魔事。須菩提！書讀誦說般若波羅蜜時互相輕蔑，菩薩當知是為魔事。須菩提！書讀誦說般若波羅蜜時其心散亂，菩薩當知是為魔事。須菩提！書讀誦說般若波羅蜜時心不專一，菩薩當知是為魔事。須菩提！行者作是念：『我於般若波羅蜜不得氣味。』從座而去，菩薩當知是為魔事。須菩提！行者作是念：『我於般若波羅蜜中無有受記。』心不清淨從座而去，菩薩當知是為魔事。須菩提！行者作是念：『般若波羅蜜中不說我名。』心不清淨，菩薩當知是為魔事。須菩提！行者作是念：『般若波羅蜜中不說我生處若城邑聚落。』以是因緣不樂聞說般若波羅蜜，便棄捨去，隨所起念*轉却若干劫數，乃復還得修菩薩道，菩薩當知是為魔事。復次，須菩提！諸經不能至薩婆若者，菩薩捨般若波羅蜜而讀誦之，是菩薩則為捨本而取枝葉。何以故？是菩薩因般若波羅蜜能成就世間出世間法，學般若波羅蜜能學世間出世間法，若捨般若波羅蜜，菩薩當知是為魔事。須菩提！譬如有狗捨主所與食分，反從作務者索，如是，須菩提！當來世或有菩薩捨深般若波羅蜜，反取餘聲聞、辟支佛經，菩薩當知是為魔事。須菩提！譬如人得象不觀，反尋其跡，於意云何？是人為智不？」

「不也！世尊！」

「須菩提！菩薩亦如是，得深般若波羅蜜而棄捨之，反於聲聞、辟支佛經求薩婆若，於意云何？是人為智不？」

「不也！世尊！」

「菩薩當知是為魔事。須菩提！譬如人欲見大海，見已反求牛跡水，作是言：『大海水能多是耶？』於意云何？是人為智不？」

「不也！世尊！」

「須菩提！當來世菩薩亦如是，得深般若波羅蜜而棄捨之，反讀誦聲聞、辟支佛經，於意云何？是人為智不？」

「不也！世尊！」

「菩薩當知是為魔事。須菩提！譬如工匠欲造如帝釋勝殿，而反揆度日月宮殿，於意云何？是人為智不？」

「不也！世尊！」

「須菩提！當來世菩薩亦如是，得深般若波羅蜜而棄捨之，反於聲聞、辟支佛經中求薩婆若，於意云何？是人為智不？」

「不也！世尊！」

「菩薩當知是為魔事。須菩提！譬如人欲見轉輪王，見已不*識，作是念：『轉輪王形貌威德云何？』見諸小王取其形貌，作是言：『轉輪王形貌威德如是相耶？』於意云何？是人為智不？」

「不也！世尊！」

「須菩提！當來世菩薩亦如是，得深般若波羅蜜而棄捨之，反於聲聞、辟支佛經中求薩婆若，於意云何？是人為智不？」

「不也！世尊！」

「菩薩當知是為魔事。須菩提！譬如飢人捨百味食，反食六十日飯，於意云何？是人為智不？」

「不也！世尊！」

「須菩提！菩薩亦如是，得深般若波羅蜜而棄捨之，反於聲聞、辟支佛經中求薩婆若，於意云何？是人為智不？」

「不也！世尊！」

「菩薩當知是為魔事。須菩提！譬如人得無價寶珠而比水精，於意云何？是人為智不？」

「不也！世尊！」

「須菩提！當來世菩薩亦如是，得深般若波羅蜜而比聲聞、辟支佛經，於中求薩婆若，於意云何？是人為智不？」

「不也！世尊！」

「菩薩當知是為魔事。復次，須菩提！書讀誦說般若波羅蜜時，若多說餘事，妨廢般若波羅蜜，菩薩當知是為魔事。」

須菩提白佛言：「世尊！般若波羅蜜可得書讀誦說耶？」

「不也！須菩提！若善男子、善女人書寫文字而作是念：『我書般若波羅蜜。』即是魔事。須菩提！爾時應教是善男子、善女人：『汝等勿謂但以書寫文字，便作是念言：我書般若波羅蜜。』諸善男子！以是文字示般若波羅蜜義，是故汝等勿著文字。若著文字，菩薩當知是為魔事，若不貪著即捨魔事。復次，須菩提！書讀誦說般若波羅蜜時，憶念諸方國土城邑聚落國王怨賊戰鬪之事，憶念父母兄弟姊妹，惡魔令生如是等念，妨廢般若波羅蜜，菩薩皆應覺之。須菩提！如是當知亦是魔事。復次，須菩提！書讀誦說般若波羅蜜時，供養事起，衣服、飲食、臥具、醫藥、資生之物，妨廢般若波羅蜜，菩薩皆應覺之。須菩提！如是當知亦為魔事。復次，須菩提！惡魔作因緣，令菩薩得諸深經。有方便菩薩於此深經不生貪著，無方便菩薩捨般若波羅蜜取是深經。須菩提！我於般若波羅蜜中廣說方便，應於中求，而反於餘深經聲聞、辟支佛法中求索方便，於意云何？是人為智不？」

「不也！世尊！」

「須菩提！如是當知亦為魔事。復次，須菩提！聽法者欲聞般若波羅蜜，說法者疲懈不樂為說。須菩提！如是不和合亦為魔事。

「復次，須菩提！說法者身不疲極，樂說般若波羅蜜，聽法者欲至餘國，不得書讀誦說般若波羅蜜，如是不和合亦為魔事。

「復次，須菩提！聽法者有念力智力，樂欲聽受讀誦般若波羅蜜，說法者欲至餘國，不得書讀誦說般若波羅蜜，如是不和合亦為魔事。

「復次，須菩提！說法者貴於財物、衣服、飲食，聽法者惜不與之，不得書讀誦說般若波羅蜜，如是不和合亦為魔事。

「復次，須菩提！聽法者有信樂心，欲供養說法者，而說法者誦習不利，聽法者不樂聽受，不得書讀誦說般若波羅蜜，如是不和合亦為魔事。

「復次，須菩提！說法者心樂為說，聽法者不樂聽受，不得書讀誦說般若波羅蜜，如是不和合亦為魔事。

「復次，須菩提！說法者身重疲極，睡眠所覆不樂言說，聽法者樂欲聽受讀誦⊙般若波羅蜜☆，如是不和合亦為魔事。

「復次，須菩提！若書讀誦說般若波羅蜜時，有人來說三惡道苦，地獄中有如是苦，畜生、餓鬼中有如是苦，不如於是身盡苦取涅槃，何用更生受是諸苦？如是，須菩提！菩薩當知亦為魔事。

「復次，須菩提！若書讀誦說般若波羅蜜時，若有人來讚歎天上快樂，欲界中有極妙五欲快樂，色界中有禪定快樂，無色界中有寂滅定樂，是三界樂皆無常、苦、空壞敗之相，汝於是身可取須陀洹果、斯陀含果、阿那含果、阿羅漢果，不須更受後身，菩薩當知亦為魔事。

「復次，須菩提！說法者愛樂徒衆，作是言：『若能隨我，當與般若波羅蜜，若不隨我，則不與汝。』以此因緣多人隨從時，說法者欲經嶮難危命之處，語諸人言：『善男子！汝等知不？何用隨我經此險難？善自籌量，無得後悔而作是言：何故至此飢餓怨賊之中？』說法者以此細微因緣捨離諸人，聽法者作是念：『是捨離相，非與般若波羅蜜相。』不得書讀誦說般若波羅蜜。如是不和合，菩薩當知亦為魔事。

「復次，須菩提！說法者欲經惡獸、虎狼、師子、怨賊、毒害、無水之處，說法者語諸人言：『汝等知不？我所至處經過惡獸、怨賊、毒害、無水之處，汝等豈能受如是苦？』說法者以此細微因緣而捨離之，諸人不復隨從，作是念：『是捨離相，非與般若波羅蜜相。』即便退還。須菩提！如是諸難，菩薩當知亦為魔事。

「復次，須菩提！說法者重於檀越，以此因緣常數往返，以是事故語聽法者：『諸善男子！我有檀越應往問訊。』諸人念言：『是為不與我般若波羅蜜相。』即時捨離，不得學習書讀誦說。如是不和合，菩薩當知亦為魔事。

「復次，須菩提！惡魔勤作方便，欲令無人讀誦修習般若波羅蜜。」

須菩提白佛言：「世尊！惡魔云何勤作方便，令人不得讀誦修習般若波羅蜜？」

「須菩提！惡魔詭誑諸人，作是言：『此非真般若波羅蜜，我所有經是真般若波羅蜜。』須菩提！惡魔如是詭誑眾人，未受記者當於般若波羅蜜中生疑，疑因緣故不得讀誦修習般若波羅蜜。如是，須菩提！菩薩當知亦為魔事。復次，須菩提！復有魔事，若菩薩行深般若波羅蜜，即證實際取聲聞果。如是，須菩提！菩薩當知亦為魔事。」

*小品般若波羅蜜經☆小如品第十二

佛告須菩提：「般若波羅蜜多有如是諸留難事。」

須菩提白佛言：「如是！如是！世尊！般若波羅蜜多有留難，譬如⊙世間大☆珍寶多有怨賊，般若波羅蜜亦如是。若人不受持讀誦修習般若波羅蜜，當知是人新發道意，少智少信，不樂大法，為魔所攝。」

「如是！如是！須菩提！若人不受持讀誦修習般若波羅蜜，當知是人新發道意，少智少信，不樂大法，為魔所攝。須菩提！般若波羅蜜雖多有如是魔事及諸留難，若善男子、善女人有能受持書讀誦說，當知是等皆是佛力。何以故？惡魔雖復勤作方便欲滅般若波羅蜜，諸佛亦復勤作方便而守護之。須菩提！譬如母人多有諸子，若十、若百乃至十萬，其母有疾，諸子各各勤求救療，皆作是願：『我等*云何☆令母久壽，身體安隱，無諸苦患、風雨寒熱、蚊虻毒螫？當以諸藥因緣令母安隱。何以故？生育我等，賜與壽命，示悟世間，其恩甚重。』須菩提！今十方現在諸佛常念般若波羅蜜，皆作是言：『般若波羅蜜能生諸佛，能示薩婆若。』何以故？諸佛薩婆若皆從般若波羅蜜生故。須菩提！諸佛得阿耨多羅三藐三菩提，若已、今得、若當得，皆因般若波羅蜜。須菩提！般若波羅蜜如是示十方諸佛薩婆若，亦示世間。」

須菩提白佛言：「世尊！如佛所說，般若波羅蜜示諸佛世間。世尊！云何為世間？」

佛言：「五陰是世間。」

「世尊！云何般若波羅蜜示五陰？」

佛言：「般若波羅蜜示五陰不壞相。何以故？須菩提！空是不壞相，無相、無作是不壞相，般若波羅蜜如是示世間。復次，須菩提！佛隨無量無邊眾生性故，如實知其心。如是，須菩提！般若波羅蜜示諸佛世間。

「復次，須菩提！眾生亂心攝心，是亂心攝心佛如實知。須菩提！云何如來知諸眾生亂心攝心？以法相故知。須菩提！◎以法相故知心非亂，如是知亂心。云何如來知攝心？須菩提！如來知心盡相，如實知盡相，如是知攝心。

「復次，須菩提！眾生染心如來如實知染心，恚心、癡心如實知恚心、癡心。云何如來如實知染心，如實知恚心，如實知癡心？須菩提！染心如實相即非染心，恚心、癡心如實相即非恚心、癡心。如是，須菩提！諸佛從般若波羅蜜生薩婆若智。云何如來離染心如實知離染心？離恚心如實知離恚心？離癡心如實知離癡心？須菩提！離染心中無離染心相，離恚心中無離恚心相，離癡心中無離癡心相。如是，須菩提！般若波羅蜜示諸佛世間。

「復次，須菩提！如來因般若波羅蜜，眾生廣心如實知廣心。云何如來眾生廣心如實知廣心？須菩提！是眾生心不增不廣，不離離相故。如是，須菩提！如來因般若波羅蜜，眾生廣心如實知廣心。

「復次，須菩提！如來因般若波羅蜜，眾生大心如實知大心。云何如來眾生大心如實知大心？須菩提！如來知是心無來無去無住。如是，須菩提！如來因般若波羅蜜，眾生大心如實知大心。

「復次，須菩提！如來因般若波羅蜜，眾生無量心如實知無量心。云何如來眾生無量心如實知無量心？須菩提！如來知是心不住，住於寂滅無所依止，如虛空無量，知心相亦爾。如是，須菩提！如來因般若波羅蜜，眾生無量心如實知無量心。

「復次，須菩提！如來因般若波羅蜜，眾生不可見心如實知不可見心。云何如來眾生不可見心如實知不可見心？如來以無相義故如實知不可見心。如是，須菩提！如來因般若波羅蜜，眾生不可見心如實知不可見心。

「復次，須菩提！如來因般若波羅蜜，眾生不現心如實知不現心。云何如來眾生不現心如實知不現心？是心五眼所不見。如是，須菩提！如來因般若波羅蜜，眾生不現心如實知不現心。

「復次，須菩提！如來因般若波羅蜜，知眾生諸出沒。云何知⊙眾生諸☆出沒？眾生所起出沒皆依色生，依受、想、行、識生。何等是諸出沒？所謂我及世間常，是見依色，依受、想、行、識；我及世間無常，常無常，非常非無常，是見依色，依受、想、行、識。世間有邊，世間無邊，有邊無邊，非有邊非無邊，是見依色，依受、想、行、識。死後如去，死後不如去，死後如去不如去，死後非如去非不如去，是見依色，依受、想、行、識。身即是神，是見依色，依受、想、行、識；身異神異，是見依色，依受、想、行、識。如是，須菩提！如來因般若波羅蜜，知眾生諸出沒。

「復次，須菩提！如來因般若波羅蜜知色相。云何知色相？知如如。須菩提！如來知受、想、行、識相。云何知識相？知如如。須菩提！五陰如即是如來所說出沒。如五陰如即是世間如，五陰如即是一切法如，一切法如即是須陀洹果如，斯陀含果、阿那含果、阿羅漢果、辟支佛道如，辟支佛道如即是如來如，是諸如皆是一如，無二無別，無盡無量。如是，須菩提！如來因般若波羅蜜得是如相。如是，須菩提！般若波羅蜜示諸佛世間，能生諸佛，諸佛知世間如，如實得是如故名為如來。」

須菩提白佛言：「世尊！是如甚深，諸佛阿耨多羅三藐三菩提從是如生。世尊！如來得是深法能為衆生說是如相，如是如相誰能信者？」

「唯有阿毘跋致菩薩及具足正見者、滿願阿羅漢乃能信之。須菩提！是如無盡，佛如實說無盡。」

*小品般若波羅蜜經☆相無相品第十三

爾時釋提桓因及欲界萬天子、梵世二萬天子俱詣佛所，頭面禮佛足，却住一面，各白佛言：「世尊！是法甚深，於此法中云何作相？」

佛告諸天子：「諸法以空為相，以無相、無作、無起、無生、無滅、無依為相。」

諸天子言：「如來說是諸相如空無所依，如是諸相一切世間天、人、阿修羅所不能壞。何以故？一切世間天、人、阿修羅即是其相故。世尊！是諸相非可作，是諸相不在色數，不在受、想、行、識數，是諸相非人、非非人所作。」

佛告欲色界諸天子：「若人問言：虛空誰之所作？是人為正問不？」

「不也！世尊！虛空無有作者。何以故？虛空無為故。」

「諸天子！此諸相亦如是，有佛無佛常住不異，諸相常住故。如來得是諸相已，名為如來。」

諸天子言：「如來所說諸相甚深，諸佛智慧無礙故能示是如，亦能說般若波羅蜜行相。世尊！般若波羅蜜是諸佛行處，亦如是示諸佛世間。」

「復次，須菩提！諸佛依止於法，供養恭敬尊重讚歎於法，所謂法者則是般若波羅蜜，諸佛供養恭敬尊重讚歎般若波羅蜜。何以故？般若波羅蜜出生諸佛故。須菩提！如來知恩知報恩者，若人正問何等是知恩知報恩者？當答佛是知恩知報恩者。須菩提！云何佛是知恩知報恩者？如來所行道所行法，得阿耨多羅三藐三菩提，即護念是道是法，以是事故，當知佛是知恩知報恩者。復次，須菩提！如來知一切法無作，亦是如來知作恩者。須菩提！如來因般若波羅蜜知一切法無作相，得如是智慧。以是因緣故，般若波羅蜜亦如是示諸佛世間。」

「世尊！若一切法無知者，無見者，云何般若波羅蜜示諸佛世間？」「須菩提！如是！如是！一切法無知者，無見者。須菩提！云何一切法無知者？一切法空故。云何一切法無見者？一切法無所依故。是故一切法無知者，無見者。須菩提！如來因般若波羅蜜得如是法，是故般若波羅蜜亦如是示諸佛世間。不見色故示世間，不見受、想、行、識故示世間，般若波羅蜜如是示諸佛世間。」「世尊！云何名不見色故示世間？云何名不見受、想、行、識故示世間？」「須菩提！若不緣色生色，是名不見色。若不緣受、想、行、識生識，是名不見識。須菩提！若如是不見世間，是名真見世間。復次，須菩提！世間空，般若波羅蜜如實示世間空。世間離相，般若波羅蜜如實示世間離相。世間淨①，般若波羅蜜如實示世間淨。世間寂滅，般若波羅蜜如實示世間寂滅。須菩提！般若波羅蜜亦如是示諸佛世間。」

須菩提白佛言：「世尊！般若波羅蜜為大事故出，般若波羅蜜為不可思議事、不可稱事、不可量事、無等等事故出。」

佛言：「如是！如是！須菩提！般若波羅蜜為大事故出，為不可思議事、不可稱事、不可量事、無等等事故出。須菩提！云何般若波羅蜜為大事故出？為不可思議事、不可稱事、不可量事、無等等事故出？須菩提！如來法、佛法、自然法、一切智人法，廣大不可思議，不可籌量。是故，須菩提！般若波羅蜜為大事不可思議事故出。云何般若波羅蜜為不可稱事、不可量事故出？須菩提！如來法、佛法、自然法、一切智人法，不可稱，不可量。是故，須菩提！般若波羅蜜為不可稱◎事、不可量事故出。云何般若波羅蜜為無等等事故出？須菩提！一切無與如來等者，何況有勝！是故，須菩提！般若波羅蜜為無等等事故出。」

「世尊！但如來法、佛法、自然法、一切智人法不可思議，不可稱，不可量；色亦不可思議，不可稱，不可量？受、想、行、識亦不可思議，不可稱，不可量？」

「須菩提！色亦不可思議，不可稱，不可量；受、想、行、識亦不可思議，不可稱，不可量；一切法亦不可思議，不可稱，不可量。何以故？須菩提！諸法實相中無心，無心數法。須菩提！色不可稱，受、想、行、識亦不可稱，一切法亦不可稱，此中無有分別故。須菩提！色不可量，受、想、行、識亦不可量，一切法亦不可量。須菩提！何以故色不可量？受、想、行、識不可量？一切法不可量？須菩提！色量無所有不可得，受、想、行、識量無所有不可得，一切法量無所有不可得。須菩提！何以故色量無所有不可得？受、想、行、識量無所有不可得？一切法量無所有不可得？須菩提！色無所有故，受、想、行、識無所有故，一切法無所有故，量不可得。須菩提！於意云何？虛空有心心數法不？」

「不也！世尊！」

「須菩提！以是因緣一切法不可思議，滅諸籌量故名不可思議，滅諸稱故名不可稱。須菩提！稱者即是識業。須菩提！無量者過諸量故。須菩提！如虛空不可思議，不可稱，不可量，諸如來法、佛法、自然法、一切智人法亦如是不可思議，不可稱，不可量。」

說是不可思議無等等法時，五百比丘二十比丘尼不受一切法故，漏盡心得解脫，六萬優婆塞、三萬優婆夷於諸法中得法眼淨，二十菩薩得無生法忍，於此賢劫皆當成佛。

爾時須菩提白佛言：「世尊！是深般若波羅蜜為大事故出，乃至為無等等事故出。」

佛言：「如是！如是！須菩提！是深般若波羅蜜為大事故出，乃至為無等等事故出，諸佛薩婆若皆在般若波羅蜜中，一切聲聞、辟支佛地皆在般若波羅蜜中。須菩提！譬如灌頂刹帝利王，若諸城事、諸聚落事皆付大臣，王無所憂。如是須菩提！諸如來亦如是，所有聲聞事、辟支佛事、佛事，皆在般若波羅蜜中，般若波羅蜜能成辦其事。是故，須菩提！當知般若波羅蜜為大事故出，乃至為無等等事故出。須菩提！般若波羅蜜不受不著色故出，不受不著受、想、行、識故出，不受不著須陀洹果、斯陀含果、阿那含果、阿羅漢果、辟支佛道故出，乃至薩婆若亦不受不著故出。」

須菩提白佛言：「世尊！云何般若波羅蜜不受薩婆若，不著薩婆若？」

「須菩提！於意云何？汝見阿羅漢法可受可著不？」

「不也！世尊！我不見是法可生著者。」

佛言：「善哉！善哉！須菩提！我亦不見如來法，以不見故不受不著。是故，須菩提！薩婆若不可受不可著。」

爾時欲色界諸天子白佛言：「世尊！是深般若波羅蜜難解難*知，若能信解深般若波羅蜜者，當知是人已於先世供養諸佛。世尊！若三千大千世界眾生皆作信行，於信行地中修行若一劫、若減一劫，若人一日行深般若波羅蜜，籌量思惟觀忍通利，是福為勝。」

佛告諸天子：「若善男子、善女人聞是深般若波羅蜜疾得涅槃，是人於信行地中修行若一劫、若減一劫所不能及。」

爾時欲色界諸天子頭面禮佛足，繞佛而出，去此不遠忽然不現，欲界諸天子還至欲天，色界諸天子還至色天。

爾時須菩提白佛言：「世尊！若菩薩能信解深般若波羅蜜，是人於何命終來生此間？」

佛告須菩提：「若菩薩聞是深般若波羅蜜，即時信解，不疑不悔不難，樂見樂聞常行，是念不離說般若波羅蜜者。須菩提！譬如新產犢子不離其母，菩薩亦如是，聞深般若波羅蜜，不離說法者，乃至得讀誦書寫般若波羅蜜。須菩提！當知是菩薩人中命終還生人中。」

「世尊！頗有菩薩成就如是功德因緣，於他方世界供養諸佛，於彼命終來生此間不？」

「須菩提！有菩薩成就如是功德，於他方世界供養諸佛，於彼命終來生此間。復次，須菩提！有菩薩成就如是功德，於兜率天上聞彌勒菩薩說般若波羅蜜，問其中事，於彼命終來生此間。復次，須菩提！若人先世聞是深般若波羅蜜，不問其義，是人若生人中，心續疑悔難決。須菩提！當知是人於前世不問所致。何以故？於是般若波羅蜜中，心疑悔難決故。復次，須菩提！若人先世若一日、若二日、三日、四日、五日，聞是深般若波羅蜜，問其中事而不隨所說行，是人轉身續得聞深般若波羅蜜，問其中事信心無礙，若離法師不復問難，還為因緣所牽，失深般若波羅蜜。何以故？須菩提！法應爾。若人雖能問難是深般若波羅蜜，不能隨所說行，或時樂聞深般若波羅蜜，或時不樂，其心輕躁如少氎毳，當知是菩薩新發大乘，是菩薩信心⊙不清淨，若不為般若波羅蜜所護，於二地中當墮一處，若聲聞地、若辟支佛地。」

*小品般若波羅蜜經☆船喻品第十四

爾時佛告須菩提：「譬如大海中船卒破，其中人若不取木、若板、若浮囊、若死屍，當知是人不到彼岸，沒水而死。須菩提！其中人若取木板浮囊死屍，當知是人不沒水死，安隱無惱得至彼岸。須菩提！菩薩亦如是，於阿耨多羅三藐三菩提，有信、有忍、有樂、有淨心、有深心、有欲、有解、有捨、有精進，不取般若波羅蜜，當知是人中道退沒，墮聲聞、辟支佛地。須菩提！若菩薩於阿耨多羅三藐三菩提，有信、有忍、有樂、有淨心、有深心、有欲、有解、有捨、有精進，取般若波羅蜜，為般若波羅蜜所守護故，中道不退，過聲聞、辟支佛地，當住阿耨多羅三藐三菩提。

「須菩提！譬如有人持坏瓶詣河井池泉取水，當知是瓶爛壞不久，還歸於地。何以故？瓶未熟故。須菩提！菩薩亦如是，於阿耨多羅三藐三菩提，有信、有忍、有樂、有淨心、有深心、有欲、有解、有捨、有精進，不為般若波羅蜜方便所護故，當知是人未得薩婆若，中道退轉。須菩提！云何為菩薩中道退轉？所謂若墮聲聞地，若墮辟支佛地。

「須菩提！譬如有人持熟瓶詣河井池泉取水，當知是瓶堅固不壞，持水而歸。何以故？是瓶熟故。須菩提！菩薩亦如是，於阿耨多羅三藐三菩提，有信、有忍、有樂、有淨心、有深心、有欲、有解、有捨、有精進，為般若波羅蜜方便所護故，當知是菩薩不中道退轉，安隱得到薩婆若。

「須菩提！譬如大海*邊船，未被莊治，推著水*中載諸財物，當知是船中道漏沒，散失財物，以是賈客無方便故多失財物，自致憂惱。須菩提！菩薩亦如是，於阿耨多羅三藐三菩提有信乃至⊙有精☆進，不為般若波羅蜜方便所護故，未到薩婆若，中道而退失於大寶，而自憂惱失大珍寶。中道沒者，墮聲聞、辟支佛地。失大珍寶者，失薩婆若寶。

「須菩提！譬如大海邊船，莊治堅牢，推著水中載諸財物，當知是船不中道沒，隨所至處必能得到。須菩提！菩薩亦如是，於阿耨多羅三藐三菩提有信乃至⊙有精☆進，為般若波羅蜜方便所護故，當知是菩薩不中道退轉於阿耨多羅三藐三菩提。何以故？須菩提！法應爾。若菩薩於阿耨多羅三藐三菩提有信乃至⊙有精☆進，為般若波羅蜜方便所護故，不墮聲聞、辟支佛地，但以是諸功德⊙迴向阿耨多羅三藐三菩提。

「須菩提！譬如老人年百二十而有雜病風寒冷熱，須菩提！於意云何？是人能從床起不？」

「不也！世尊！」

「須菩提！是人或時能起。」

「世尊！假令能起，不能遠行若十里二十里。何以故？是人已為老病所侵，雖復能起不能遠行。」

「須菩提！菩薩亦如是，雖發阿耨多羅三藐三菩提心乃至有精進，於阿耨多羅三藐三菩提有信乃至有精進，不為般若波羅蜜方便所護故，未得薩婆若，中道退轉，墮聲聞、辟支佛地。須菩提！是百二十歲老人若有風寒冷熱之病，欲從床起，有二健人各扶一腋，安慰之言：『隨意所至，我等好相扶持，勿懼中道有所墜落。』須菩提！菩薩亦如是，於阿耨多羅三藐三菩提有信乃至有精進，為般若波羅蜜方便所護故，當知是菩薩不中道退轉，能至阿耨多羅三藐三菩提。」

小品般若波羅蜜經卷第五

小品般若波羅蜜經卷第六

後秦龜茲國三藏鳩摩羅什譯

◎小品般若波羅蜜經☆大如品第十五

爾時須菩提白佛言：「世尊！新發意菩薩云何應學般若波羅蜜？」

佛告須菩提：「新發意菩薩若欲學般若波羅蜜，先當親近善知識能說般若波羅蜜者。是人如是教：善男子來！汝所有布施皆應迴向阿耨多羅三藐三菩提，汝善男子亦莫貪著阿耨多羅三藐三菩提，若色是，若受、想、行、識是。何以故？是薩婆若非可著者。善男子！汝所有持戒、忍辱、精進、禪定、智慧，皆應迴向阿耨多羅三藐三菩提，勿生貪著，若色是，若受、想、行、識是。何以故？善男子！是薩婆若非可著者，汝善男子亦勿貪著聲聞、辟支佛道。須菩提！如是新發意菩薩應漸教令入深般若波羅蜜。」

「世尊！諸菩薩發阿耨多羅三藐三菩提心，欲得阿耨多羅三藐三菩提，所為甚難！」

「如是！如是！須菩提！如諸菩薩發阿耨多羅三藐三菩提心，欲得阿耨多羅三藐三菩提，所為甚難！是人為安隱世間故發心，為安樂世間故發心：我當得阿耨多羅三藐三菩提，為世間作救，為世間作歸，為世間作舍，為世間作究竟道，為世間作洲，為世間作導師，為世間作趣。須菩提！云何菩薩得阿耨多羅三藐三菩提時，為世間作救？菩薩為斷生死中諸苦惱故，說法救眾生於苦惱。須菩提！是名菩薩得阿耨多羅三藐三菩提時，為世間作救。云何菩薩得阿耨多羅三藐三菩提時，為世間作歸？眾生生法、老病死法、憂悲苦惱法，是菩薩能度眾生於此生法、老病死法、憂悲苦惱法。須菩提！是名菩薩得阿耨多羅三藐三菩提時，為世間作歸。云何菩薩得阿耨多羅三藐三菩提時，為世間作舍？須菩提！菩薩得阿耨多羅三藐三菩提時，為不著故說法。」

「世尊！云*何名不著？」

「須菩提！若色不縛不解，不生不滅，是名色不著；若受、想、行、識不縛不解，不生不滅，是名識不著。如是，須菩提！一切法不縛不解故不著，菩薩得阿耨多羅三藐三菩提時能為眾生說如是法，是名菩薩為世間作舍。云何菩薩得阿耨多羅三藐三菩提時，為世間作究竟道？須菩提！色究竟不名色，受、想、行、識究竟不名識，如究竟相，一切法亦如是。」

「世尊！若究竟相一切法亦爾者，菩薩皆應得阿耨多羅三藐三菩提。何以故？是中無有分別故。」

「如是！如是！須菩提！是中無有分別。諸菩薩如是觀，如是知，其心不沒，作是念：『我得阿耨多羅三藐三菩提時，應為眾生說如是法。』須菩提！是名菩薩得阿耨多羅三藐三菩提時，為世間作究竟道。

「云何菩薩得阿耨多羅三藐三菩提時，為世間作洲？譬如水中陸地斷流之處名之為洲，如是，須菩提！色前際後際斷，受、想、行、識前際後際斷，以前際後際斷故，一切法都斷。若一切法都斷，是名寂滅微妙如實不顛倒涅槃。須菩提！是名菩薩得阿耨多羅三藐三菩提時，為世間作洲。

「云何菩薩得阿耨多羅三藐三菩提時，為世間作導師？須菩提！菩薩得阿耨多羅三藐三菩提時，不為色生滅故說法，但為實相故說法；不為受、想、行、識生滅故說法，但為實相故說法；不為須陀洹果、斯陀含果、阿那含果、阿羅漢果、辟支佛道、薩婆若生滅故說法，但為實相故說法。須菩提！是名菩薩得阿耨多羅三藐三菩提時，為世間作導師。

「云何菩薩得阿耨多羅三藐三菩提時，為世間作趣？須菩提！菩薩得阿耨多羅三藐三菩提時，為衆生說色趣空，說受、想、行、識趣空，一切法皆趣空，不來不去。何以故？色空不來不去，受、想、行、識空不來不去，乃至一切法空不來不去故，一切法趣空，不過是趣，一切法趣無相，趣無作，趣無起，趣無生，趣無所有，趣夢，趣無量，趣無邊，趣無我，趣寂滅，趣涅槃，趣不還，趣不趣，一切法不過是趣。」

「世尊！如是法者誰能信解？」

「須菩提！若菩薩於先佛所久修道行成就善根乃能信解。」

「世尊！能信解者*有何等相☆？」

「須菩提！離滅欲、恚、癡性是信解相，如是人能知深般若波羅蜜。」

「世尊！是菩薩能解深般若波羅蜜，亦如是趣得是趣相，能為無量衆生作趣。」

「如是！如是！須菩提！是菩薩如是趣能為無量衆生作趣。須菩提！是名菩薩得阿耨多羅三藐三菩提時，能為無量衆生作趣。」

「世尊！是菩薩所為甚難，能作如是大莊嚴，為滅度無量無邊衆生而衆生不可得。」

「如是！如是！須菩提！菩薩所為甚難，為滅度無量無邊衆生故發大莊嚴而衆生不可得。須菩提！是為菩薩大莊嚴。不為色，不為受、想、行、識，不為聲聞、辟支佛地，不為薩婆若故發大莊嚴，不為莊嚴一切法故，是菩薩發大莊嚴。」

「世尊！菩薩能如是行深般若波羅蜜則不墮二地，若聲聞地、辟支佛地。」

「須菩提！汝見何義說如是事：若菩薩如是行深般若波羅蜜則不墮二地，若聲聞、辟支佛地？」

「世尊！是般若波羅蜜甚深，此中無修法，無所修，無修者。何以故？世尊！是深般若波羅蜜中無決定法，修虛空是修般若波羅蜜。世尊！不修一切法是修般若波羅蜜，修無邊是修般若波羅蜜，修無著是修般若波羅蜜。」

「須菩提！應以深般若波羅蜜試阿惟越致菩薩，若不貪著般若波羅蜜，不隨他言論有所悕望，若聞說深般若波羅蜜不驚不怖不沒不退，其心喜樂，當知是阿惟越致菩薩，先世已曾聞深般若波羅蜜。何以故？聞說深般若波羅蜜不驚不怖不沒不退，當知是阿惟越致菩薩。」

「世尊！若菩薩聞說深般若波羅蜜不驚不怖不沒不退，應云何觀？」

「須菩提！是菩薩應隨薩婆若心觀般若波羅蜜。」

「世尊！云何名為隨薩婆若心觀？」

「須菩提！隨虛空觀名為隨薩婆若心觀般若波羅蜜。須菩提！隨薩婆若心觀即非觀。何以故？無量是薩婆若，無量即無色，無受、想、行、識，無智、無慧、無道、無得、無果、無生、無滅、無作、無作者、無方、無趣、無住，無量即墮無量數。須菩提！如虛空無量，薩婆若亦無量，無法可得，亦無得者，不可以色得，不可以受、想、行、識得，不可以檀波羅蜜得，不可以尸波羅蜜得，羼提波羅蜜、毘梨耶波羅蜜、禪那波羅蜜、般若波羅蜜得。何以故？色即是薩婆若，受、想、行、識即是薩婆若，檀波羅蜜即是薩婆若，尸羅波羅蜜、羼提波羅蜜、毘梨耶波羅蜜、禪波羅蜜、般若波羅蜜即是薩婆若。」

爾時欲色界諸天子白佛言：「世尊！般若波羅蜜甚深，難解難知。」

佛言：「如是！如是！諸天子！般若波羅蜜甚深，難解難知，以是義故，我欲默然而不說法，作是念：我所得法，是法中無有得者，無法可得，無所用法可得。諸法相如是甚深，如虛空甚深故是法甚深，我甚深故一切法甚深，不來不去甚深故一切法甚深。」

欲色界諸天子白佛言：「希有！世尊！是所說法一切世間難可得信。世間行貪著，是法為無貪著故說。」

爾時須菩提白佛言：「世尊！是法隨順一切法。何以故？世尊！是法無障礙處無障礙相如虛空。世尊！是法無生，一切法不可得故。世尊！是法無處，一切處不可得故。」

爾時欲色界諸天子白佛言：「世尊！是長老須菩提為隨佛生，有所說法皆為空故。」

須菩提語欲色界諸天子言：「汝等所說長老須菩提為隨佛生，隨何法生故名隨佛生？諸天子！隨如行故須菩提隨如來生。如如來如不來不去，須菩提隨如從本已來亦不來不去，是故須菩提隨如來生。又如來如即是一切法如，一切法如即是如來如，如來如者即非如，是故須菩提隨如來生。如如來如一切處一切處常不壞不分別，◉須菩提如亦如是於一切處不壞不別☆，是故須菩提隨如來生。如如來如非住非不住，須菩提如亦如是，是故須菩提隨如來生。如如來如無障礙處，一切法如亦無障礙處，是故須菩提隨如來生。又如來如、一切法如皆是一如，無二無別，是如無作無非如者，若是如無非如者，是故是如無二無別，是故須菩提隨如來生。又如來如一切處不壞不分別，一切法如亦不壞不分別，如是如來如不可分別故無壞無別，是故須菩提隨如來生。如如來如不離諸法，如是如不異諸法，是如無非如時，常是如，如是如是，須菩提如不異是如故，如實隨如行亦無所行，是故須菩提隨如來生。如如來如非過去、非未來、非現在，一切法如亦如是非過去、非未來、非現在，是故須菩提隨如行生故名為隨如來生。又如來即是如來如，如來如即是過去如，過去如即是如來如，如來如即是未來如，未來如即是如來如，如來如即是現在如，現在如即是如來如，◎如來如即是過去、未來、現在如，過去、未來、現在如即是如來如☆，過去未來現在如、如來如無二無別，一切法如、須菩提如亦無二無別，是故須菩提隨如來生。菩薩如即是得阿耨多羅三藐三菩提時如，菩薩以是如得阿耨多羅三藐三菩提名為如來，佛說是如時地六種震動，以是如故須菩提隨如來生。又須菩提不隨色生，不隨受、想、行、識生，

「舍利弗！是鳥復作是願：『至閻浮提身不傷損。』得如願不？」

「不也！世尊！是鳥至閻浮提身必傷損，若死、若近死苦。何以故？世尊！法應爾。其身既大，翅未成就故。」

「舍利弗！菩薩亦如是，雖於恒河沙劫布施、持戒、忍辱、精進、禪定，發大心大願受無量事，欲得阿耨多羅三藐三菩提，而不為般若波羅蜜方便所護故，則墮聲聞、辟支佛地。舍利弗！菩薩雖念於過去、未來、現在諸佛所行戒品、定品、慧品、解脫品、解脫知見品，而心取相。是菩薩取相念故，不知諸佛戒品、定品、慧品、解脫品、解脫知見品，不知不見故，聞諸法空名字，取是音聲相迴向阿耨多羅三藐三菩提，當知是菩薩墮於聲聞、辟支佛地。何以故？舍利弗！菩薩離般若波羅蜜故法應當爾。」

「世尊！如我解佛所說義，若菩薩離般若波羅蜜，則於阿耨多羅三藐三菩提狐疑未了。是故菩薩摩訶薩欲得阿耨多羅三藐三菩提，當善行般若波羅蜜方便。」

爾時欲色界諸天子白佛言：「世尊！般若波羅蜜甚深，阿耨多羅三藐三菩提難得。」

佛言：「如是！如是！諸天子！般若波羅蜜甚深，阿耨多羅三藐三菩提難得。」

須菩提白佛言：「世尊！如佛所說，般若波羅蜜甚深，阿耨多羅三藐三菩提難得。如我解佛所說義，阿耨多羅三藐三菩提易得。何以故？無法可得。諸法空中無有得阿耨多羅三藐三菩提者，無法可得，無所用法可得，一切法皆空故。諸所說法為有所斷，是法亦空。世尊！阿耨多羅三藐三菩提法得者所用法，得知者所用法，如是法皆空。世尊！以是因緣故阿耨多羅三藐三菩提則為易得，諸可得者皆同虛空。」

舍利弗語須菩提：「若阿耨多羅三藐三菩提易得者，恒河沙等諸菩薩不應退轉。以是因緣故，當知阿耨多羅三藐三菩提難得。」

「舍利弗！於意云何？色於阿耨多羅三藐三菩提退轉不？」

「不也！須菩提！」

「舍利弗！受、想、行、識於阿耨多羅三藐三菩提退轉不？」

「不也！須菩提！」
「舍利弗！離色有法可得於阿耨多羅三藐三菩提退轉不？」
「不也！須菩提！」
「舍利弗！離受、想、行、識有法可得於阿耨多羅三藐三菩提退轉不？」
「不也！須菩提！」
「舍利弗！色如於阿耨多羅三藐三菩提退轉不？」
「不也！須菩提！」
「舍利弗！受、想、行、識如於阿耨多羅三藐三菩提退轉不？」
「不也！須菩提！」
「舍利弗！離色如有法可得於阿耨多羅三藐三菩提退轉不？」
「不也！須菩提！」
「舍利弗！離受、想、行、識如有法可得於阿耨多羅三藐三菩提退轉不？」
「不也！須菩提！」

「舍利弗！離諸法如有法可得於阿耨多羅三藐三菩提退轉不？」

「不也！須菩提！」

「舍利弗！如是實求不可得，為何等法於阿耨多羅*三藐三菩提退轉者？舍利弗！無法於阿耨多羅三藐三菩提退轉。」

舍利弗言：「如須菩提所說義，則為無有菩薩退轉，若爾者佛說三乘人則無差別。」

爾時富樓那彌多羅尼子語舍利弗：「應問須菩提：汝欲令有一菩薩乘不？」

舍利弗即問須菩提：「汝欲令有一菩薩乘耶？」

須菩提言：「如中可有三乘人不？若聲聞、辟支佛、佛乘？」

「須菩提！如中無有三相差別。」

「舍利弗！如有一相不？」

「不也！須菩提！」

「舍利弗！如中乃至見有一乘人不？」

「不也！須菩提！」

「舍利弗！如是實求是法不可得，汝云何作是念：是聲聞乘，是辟支佛乘，是佛乘者？如是三乘如中無差別，若菩薩聞是事不驚不怖不沒不退，當知是菩薩則能成就菩提。」

爾時佛讚須菩提言：「善哉！善哉！須菩提！汝所樂說，皆是佛力。所謂如中求三乘人無有差別，若菩薩聞是事不驚不怖不沒不退，當知是菩薩能成就菩提。」

爾時舍利弗白佛言：「世尊！是菩薩成就何等菩提？」

「舍利弗！是菩薩成就無上菩提。」

舍利弗白佛言：「世尊！若菩薩欲成就阿耨多羅三藐三菩提，應云何行？」

佛言：「於一切眾生應行等心、慈心、不異心、謙下心、安隱心、不瞋心、不惱心、不戲弄心、父母心、兄弟心，與共語言。舍利弗！若菩薩欲成就阿耨多羅三藐三菩提，應如是學，應如是行。」

*小品般若波羅蜜經☆阿惟越致相品第十六

爾時須菩提白佛言：「世尊！何等是阿惟越致菩薩相貌？我當云何知是阿惟越致菩薩？」

佛告須菩提：「所有凡夫地、聲聞地、辟支佛地、如來地，是諸地於如中不壞不二不別，菩薩以是如入諸法實相，亦不分別是如，此是如相，隨是如入諸法實相，出是如已更聞餘法，不疑不悔，不言是非，見一切法皆入於如，是菩薩凡有所說終不說無益事，言必有益，不觀他人長短。須菩提！以是相貌當知是阿惟越致菩薩。復次，須菩提！阿惟越致菩薩不觀外道沙門、婆羅門言說實知實見，又阿惟越致菩薩不禮事餘天，下用華香供養。須菩提！以是相貌當知是阿惟越致菩薩。復次，須菩提！阿惟越致菩薩終不墮三惡道，不受女人身。須菩提！以是相貌當知是阿惟越致菩薩。復次，須菩提！阿惟越致菩薩自不殺生，亦不教他殺生，自不偷劫，不邪婬，不妄語，不兩舌，不惡口，不無益語，不貪嫉，不瞋惱，不邪見，亦不教他令行邪見，是十善道身常自行，亦教他行，是菩薩乃至夢中不行十不善道，乃至夢中亦常行十善道。須菩提！⑥以是相貌當知是阿惟越致菩薩。復次，須菩提！⊙又阿惟越致菩薩☆所可*讀誦☆經典，作如是念：『我欲令眾生得安樂故，當為說法。』以是法施如法滿願，以是法施與一切眾生共之。須菩提！以是相貌當知是阿惟越致菩薩。復次，須菩提！阿惟越致菩薩聞深法時心無疑悔，節言軟語少於眠臥，若來若去心常不亂，行不卒疾常一其心，安詳徐步視地而行。須菩提！如是相貌當知是阿惟越致菩薩。復次，須菩提！阿惟越致菩薩衣服臥具無有垢穢，常樂清淨威儀具足，身常安隱少於疾病。須菩提！凡夫身中八萬戶虫，是阿惟越致菩薩身中無有如是諸虫。何以故？須菩提！是菩薩善根超出世間，隨善根增長故，得心清淨、身清淨。」

須菩提白佛言：「世尊！何等為菩薩心清淨？」

「須菩提！隨菩薩善根增長，諂曲欺誑漸漸自滅，以⊙是滅故心清淨，以心清淨故能過聲聞、辟支佛地，是名菩薩心清淨。須菩提！以是相貌當知是阿惟越致菩薩。

「復次，須菩提！阿惟越致菩薩不貪利養，少於慳嫉，聞深法時其心不沒，智慧深故，一心聽法，所可聞法皆應般若波羅蜜，是菩薩因般若波羅蜜，世間諸事皆同實相，不見資生之事不應般若波羅蜜者。須菩提！以是相貌當知是阿惟越致菩薩。

「復次，須菩提！若惡魔至菩薩所化作八大地獄，一一地獄化作若干百千萬菩薩，作是言：『是諸菩薩佛皆與授阿惟越致記，而今墮此大地獄中。汝若受阿惟越致記者，即受地獄記，汝今若能悔是心者，不墮地獄當生天上。』是菩薩若聞是語，心不動恚而作是念：『阿惟越致菩薩，若墮惡道無有是處。』須菩提！以是相貌當知是阿惟越致菩薩。

「復次，須菩提！若惡魔化作沙門，至菩薩所，作是言：『汝先所聞讀誦，宜應悔捨，汝若捨離不復聽受，我當常至汝所，汝所聞者非佛所說，皆是文飾莊校之辭，我所說經真是佛語。』若聞是事心有動恚，當知是菩薩未從諸佛受記，非是必定菩薩，未住阿惟越致菩薩性中。須菩提！◎是菩薩若☆聞是事心不動恚，但依諸法◎實相，無生無作無起，不隨他語，如漏盡阿羅漢現前證諸法◎實相，不生◎不作☆不起法故，不為惡魔所制。須菩提！菩薩亦如是，求聲聞辟支佛者所不能破，不復退轉，必至薩婆若，住阿惟越致性中，不隨他語。須菩提！以是相貌當知是阿惟越致菩薩。

「復次，須菩提！若惡魔至菩薩所作是言：『汝所行者是生死行，非薩婆若行，汝今可於此身盡苦取涅槃，若能如是則不復受生死諸苦，是身生尚不可得，何況欲受後身！』是菩薩若聞是事心不動恚，惡魔復作是言：『汝今欲見諸菩薩供養恒河沙等諸佛衣服、飲食、臥具、醫藥，皆於恒河沙等諸佛所修行梵行，親近諮請。為菩薩乘故多所問難，菩薩云何應住？云何應行？是諸菩薩於諸佛所，隨所聞事皆能修行，如是教，如是學，如是行，猶尚不能得阿耨多羅三藐三菩提，不住薩婆若，何況汝當得阿耨多羅三藐三菩提？』是菩薩若聞是事心不動恚，惡魔即時復化作諸比丘作是言：『是諸比丘皆漏盡阿羅漢，先皆發心欲求佛道，而今皆住阿羅漢地，何況於汝當得阿耨多羅三藐三菩提？』菩薩若作是念：『我從他聞為無所失。』若心不轉，不生異念，*知是魔事，若菩薩如是行諸波羅蜜，如是學諸波羅蜜，不得薩婆若，無有是處。須菩提！若菩薩如諸佛說，隨所聞學，隨所聞行，不離是道，不離薩婆若念，不得薩婆若，無有是處。須菩提！以是相貌當知是阿惟越致菩薩。

「復次，須菩提！阿惟越致菩薩若惡魔來作是言：『薩婆若同於虛空，是法無所有，無人用是法得道者。何以故？若得道者、得道法、所用得法皆如虛空，知者、知法、所用法無所有皆同虛空，汝唐受苦惱。若言得阿耨多羅三藐三菩提，即是魔事非佛所說。』菩薩於此應如是念：『若訶我令離薩婆若，爾者是為魔事。於是事中，應生堅固心、不動心、不轉心。』須菩提！以是相貌當知是阿惟越致菩薩。

「復次，須菩提！阿惟越致菩薩若欲入⊙初禪、第二、第三、第四禪，心轉調習。是菩薩雖入諸禪，還取欲界法，不隨禪生。須菩提！以是相貌當知是阿惟越致菩薩。

「復次，須菩提！阿惟越致菩薩心不貪好名聞稱讚，於諸衆生心無恚礙，常生安隱利益之心，進止來去心不散亂，常一其心不失威儀。須菩提！是菩薩若在居家不染著諸欲，所受諸欲心生厭離，常懷怖畏。譬如險道多諸賊難，雖有所食，厭離怖畏心不自安，但念何時過此險道。阿惟越致菩薩雖在家居，所受諸欲皆見過惡，心不貪惜，不以邪命非法自活，寧失身命不侵於人。何以故？菩薩在家應安樂衆生，雖復在家而能成就如是功德。何以故？得般若波羅蜜力故。須菩提！以是相貌當知是阿惟越致菩薩。

「復次，須菩提！阿惟越致菩薩執金剛神常隨侍衛，不令非人近之，是菩薩心無狂亂，諸根具足無所缺減，修賢善行非不賢善，不以呪術藥草引接女人，身不自為亦不教他，是菩薩常修淨命，不占吉凶，亦不相人生男生女，如是等事皆不為之。須菩提！以是相貌當知是阿惟越致菩薩。

「復次，須菩提！阿惟越致菩薩復有相貌，今當說之。須菩提！阿惟越致菩薩不樂說世間雜事、官事、戰鬪事、寇賊事、城邑聚落事、象馬車乘衣服飲食臥具事，不樂說華香女人婬女事，不樂說神龜事，不樂說大海事，不樂說惱他事，不樂說種種事，但樂說般若波羅蜜，常不離應薩婆若心，不樂鬪訟，心常樂於法，不樂非法，樂善知識，不樂冤家，樂和諍訟，不樂讒謗，樂佛法中而得出家，常樂欲生他方清淨佛國隨意自在，其所生處常得供養諸佛。須菩提！阿惟越致菩薩多於欲界、色界命終來生中國，善於伎藝明解經書，呪術占相悉能了知，少生邊地，若生邊地必在大國，有如是功德相貌當知是阿惟越致菩薩。

「復次，須菩提！阿惟越致菩薩不作是念：『我是阿惟越致？非阿惟越致？』不生是疑。須菩提！自證阿惟越致地者終不復疑，譬如須陀洹所證法中心無所疑，種種魔事皆能覺之，覺已不隨。菩薩亦如是，於阿惟越致地中心無所疑，種種魔事皆能覺之，覺已不隨。須菩提！譬如人有逆罪，心常悔懼至死不捨，不能遠離，如是罪心常隨是心，乃至命終。須菩提！阿惟越致菩薩亦復如是，阿惟越致菩薩心常安住阿惟越致地中，不可動轉，一切世間天、人、阿修羅所⊙不能☆壞，種種魔事皆能覺之，覺已不隨。所證法中其心決定無所疑惑，乃至轉身不生聲聞、辟支佛心，轉身亦復不疑我不得阿耨多羅三藐三菩提，自證所得法中不隨他人，自住證地無能破壞。何以故？成就不可壞智慧故，安住阿惟越致性。

「須菩提！若惡魔化作佛身，至阿惟越致菩薩所作是言：『善男子！汝於此身可證阿羅漢，何用阿耨多羅三藐三菩提為？何以故？菩薩成就得阿耨多羅三藐三菩提相貌，汝無是相。』須菩提！菩薩聞是語心不動異，即作是念：『若是惡魔若魔所使，非佛所說，若佛所說不應有異。』若菩薩能如是念：『是魔變身作佛，欲令我遠離般若波羅蜜。』魔若還隱沒，當知是菩薩已於先佛得受阿耨多羅三藐三菩提記，安住阿惟越致地中。何以故？是人有阿惟越致相貌。須菩提！以是相貌當知是阿惟越致菩薩。

「復次，須菩提！阿惟越致菩薩為護法⊙故不惜身命，為正法故⊙勤行精進，作是念：『我不但護過去、現在諸佛正法，亦復當護未來世中諸佛正法，我亦當在未來數中而得受記，我則自守護法。』是菩薩見是利故守護正法，乃至不惜身

小品般若波羅蜜經卷第七

後秦龜茲國三藏鳩摩羅什譯

⊙小品般若波羅蜜經☆深功德品第十七

爾時須菩提白佛言：「希有！世尊！是阿毘跋致菩薩成就大功德，世尊能說阿毘跋致菩薩恒河沙等相貌，說是相貌則是說深般若波羅蜜相。」

佛言：「善哉！善哉！須菩提！汝能示諸菩薩甚深之相。須菩提！甚深相者即是空義，即是無相、無作、無起、無生、無滅、無所有、無染、寂滅、遠離、涅槃義。」

「世尊！但是空義乃至涅槃義，非一切法義耶？」

「須菩提！一切法亦是甚深義。何以故？須菩提！色甚深，受、想、行、識甚深。云何色甚深？如如甚深。云何受、想、行、識甚深？如如甚深。須菩提！無色是色甚深，無受、想、行、識是識甚深。」

須菩提言：「希有！世尊！以微妙方便障色示涅槃，障受、想、行、識示涅槃。」

佛告須菩提：「菩薩若能於是深般若波羅蜜思惟觀察，如般若波羅蜜教我應如是學，如般若波羅蜜說我應如是行，是菩薩如是思惟修習，乃至一日所作功德無有限量。須菩提！譬如多欲之人欲覺亦多，與他端正女人共期，此女監礙失期不至。須菩提！於意云何？是多欲人欲覺為與何法相應？」

「世尊！是多欲人但起欲覺相應念，憶想此女當至不久，我當與之坐臥戲笑。」

「須菩提！於意云何？是人一日一夜起幾欲念？」

「世尊！是人一日一夜起念甚多。」

「須菩提！若菩薩如深般若波羅蜜教思惟學習，則離退轉過惡，捨若干劫數生死之難，是菩薩一日之中應深般若波羅蜜所作功德，勝於菩薩遠離深般若波羅蜜於恒河沙劫布施功德。復次，須菩提！若菩薩離般若波羅蜜，於恒河沙劫供養須陀洹、斯陀含、阿那含、阿羅漢、辟支佛、諸佛，於意云何？其福多不？」

須菩提言：「甚多！世尊！無量無邊不可稱數。」

佛言：「不如菩薩於深般若波羅蜜如說修行乃至一日，其福甚多。何以故？菩薩行般若波羅蜜能過聲聞、辟支佛地，入菩薩位，得阿耨多羅三藐三菩提。復次，須菩提！若菩薩於恒河沙劫離般若波羅蜜，布施、持戒、忍辱、精進、禪定、智慧，於意云何？其福多不？」

須菩提言：「甚多！世尊！」

佛言：「不如菩薩於深般若波羅蜜如說修行，乃至一日布施、持戒、忍辱、精進、禪定、智慧，其福甚多。復次，須菩提！若菩薩於恒河沙劫離般若波羅蜜法施眾生，於意云何？其福多不？」

須菩提言：「甚多！世尊！」

佛言：「不如菩薩於深般若波羅蜜如說修行，乃至一日法施衆生，其福甚多。何以故？若菩薩不離般若波羅蜜，即是不離薩婆若。復次，須菩提！若菩薩於恒河沙劫離般若波羅蜜修行三十七品，於意云何？其福多不？」

須菩提言：「甚多！世尊！」

佛言：「不如菩薩如般若波羅蜜教住，乃至一日修行三十七品，其福甚多。何以故？若菩薩不離般若波羅蜜，退失薩婆若，無有是處。復次，須菩提！若菩薩於恒河沙劫離般若波羅蜜，以是財施、法施、禪定功德迴向阿耨多羅三藐三菩提，於意云何？其福多不？」

須菩提言：「甚多！世尊！」

佛言：「不如菩薩於深般若波羅蜜如說修行，乃至一日財施、法施、禪定功德迴向阿耨多羅三藐三菩提，其福甚多。何以故？是第一迴向，所謂不離深般若波羅蜜。」

須菩提白佛言：「世尊！如佛所說，一切作起法皆是憶想分別，云何說菩薩得福甚多？」

「須菩提！菩薩行般若波羅蜜時亦能觀察是作起功德空無所有，虛誑不實無堅牢相，若菩薩隨所能觀則不離深般若波羅蜜，隨不離深般若波羅蜜即得無量阿僧祇福德。」

「世尊！無量、阿僧祇有何差別？」

「須菩提！阿僧祇者不可數盡，無量者過諸量數。」

「世尊！頗有因緣色亦無量，受、想、行、識亦無量？」

佛言：「有！須菩提！色亦無量，受、想、行、識亦無量。」

「世尊！無量者是何義？」

「須菩提！無量者即是空義，即是無相、無作義。」

「世尊！無量但是空義，非餘義耶？」

「須菩提！於意云何？我不說一切法空耶？」

「世尊說耳。」

「須菩提！若空即是無盡，若空即是無量，是故此法義中無有差別。須菩提！如來所說無盡、無量、空、無相、無作、無起、無生、無滅、無所有、無染、涅槃，但以名字方便故說。」

須菩提言：「希有！世尊！諸法實相不可得說而今說之。世尊！如我解佛所說義，一切法皆不可說。」

「如是！如是！須菩提！一切法皆不可說。須菩提！一切法空相不可得說。」

「世尊！是不可說義無增無減，若爾者檀波羅蜜亦應無增無減，尸羅波羅蜜、羼提波羅蜜、毘梨耶波羅蜜、禪波羅蜜亦應無增無減。若是諸波羅蜜無增無減，菩薩云何以是無增無減波羅蜜得阿耨多羅三藐三菩提，近阿耨多羅三藐三菩提？世尊！若菩薩增減諸波羅蜜，則不能近阿耨多羅三藐三菩提？」

「如是！如是！須菩提！不可說義無增無減，善知方便菩薩行般若波羅蜜，修般若波羅蜜時，不作是念：檀波羅蜜若增若減。作是念：是檀波羅蜜但有名字。是菩薩布施時是念是心及諸善根，皆如阿耨多羅三藐三菩提相迴向。須菩提！

善知方便菩薩行般若波羅蜜，修般若波羅蜜時，不作是念：尸羅波羅蜜若增若減、羼提波羅蜜、毘梨耶波羅蜜、禪波羅蜜若增若減。須菩提！善知方便菩薩行般若波羅蜜，修般若波羅蜜時，不作是念：般若波羅蜜若增若減。作是念：般若波羅蜜但有名字。修智慧時是念是心是善根，如阿耨多羅三藐三菩提相迴向。」

須菩提白佛言：「世尊！何等是阿耨多羅三藐三菩提？」

「須菩提！阿耨多羅三藐三菩提者，即是如如無增減。若菩薩常行應如念即近阿耨多羅三藐三菩提。如是，須菩提！不可說義雖無增減而不退諸念，不退諸波羅蜜，菩薩以是行則近阿耨多羅三藐三菩提，而亦不退菩薩之行，作是念者得近阿耨多羅三藐三菩提。」

「世尊！菩薩前心近阿耨多羅三藐三菩提？後心近阿耨多羅三藐三菩提？世尊！前心後心各各不俱，後心前心亦各不俱。世尊！若前心後心不俱者，菩薩諸善根云何得增長？」

「須菩提！於意云何？如然燈時，為初焰燒炷？為後焰燒◎炷？」

「世尊！非初焰燒亦不離初焰，非後焰燒亦不離後焰。」

「須菩提！於意云何？是炷燃不？」

「世尊！是炷實燃。」

「須菩提！菩薩亦如是，非初心得阿耨多羅三藐三菩提亦不離初心，非後心得阿耨多羅三藐三菩提亦不離後心得。」

「世尊！是因緣法甚深，菩薩非初心得阿耨多羅三藐三菩提亦不離初心得，非後心得阿耨多羅三藐三菩提，亦不離後心而得阿耨多羅三藐三菩提。」

「須菩提！於意云何？若心已滅是心更生不？」

「不也！世尊！」

「須菩提！於意云何？若心生是滅相不？」

「世尊！是滅相。」

「須菩提！於意云何？是滅相法當滅不？」

「不也！世尊！」

「須菩提！於意云何？亦如是住如如住不？」
「世尊！亦如是住如如住。」
「須菩提！若如是住如如住者，即是常耶？」
「不也！世尊！」
「須菩提！於意云何？是如甚深不？」
「世尊！是如甚深。」
「須菩提！於意云何？是如即是心不？」
「不也！世尊！」
「須菩提！離如是心不？」
「不也！世尊！」
「須菩提！汝見如不？」
「不也！世尊！」
「須菩提！於意云何？若人如是行者是甚深行不？」

「世尊！若人如是行者，是為無處所行。何以故？是人不行一切諸行。」

「須菩提！若菩薩行般若波羅蜜於何處行？」

「世尊！於第一義中行。」

「須菩提！於意云何？若菩薩於第一義中行，是人相行不？」

「不也！世尊！」

「須菩提！於意云何？是菩薩壞諸相不？」

「不也！世尊！」

「須菩提！於意云何？菩薩云何為壞諸相？」

「世尊！是菩薩不如是學：我行菩薩道於是身斷諸相。若斷是諸相末具足佛道，當作聲聞。世尊！是菩薩大方便力知是諸相過而不取無相。」

爾時舍利弗語須菩提：「若菩薩夢中修三解脫門，空、無相、無作，增益般若波羅蜜不？若晝日增益，夢中亦應增益。何以故？佛說晝夜夢中等無異故。」

「舍利弗！若菩薩修般若波羅蜜即有般若波羅蜜，是故夢中亦應增益般若波羅蜜。舍利弗！若人夢中起業，是業有果報不？」
「佛說一切法如夢不應有果報，若覺分別應有果報。」
「舍利弗！若人夢中殺生，覺已分別：我殺是快！是業云何？」
「須菩提！無緣則無業，無緣思不生。」
「如是！舍利弗！無緣則無業，無緣思不生。有緣則有業，有緣則思生。若心行於見聞覺知法中，有心受垢，有心受淨。是故，舍利弗！有因緣起業，非無因緣；有因緣思生，非無因緣。」
舍利弗問須菩提言：「若菩薩夢中布施，迴向阿耨多羅三藐三菩提，是布施名為迴向不？」
「舍利弗！彌勒菩薩今現在座，佛授阿耨多羅三藐三菩提記，可以問之，彌勒當答。」
舍利弗即問彌勒菩薩：「須菩提言，是事彌勒當答。」
彌勒菩薩語舍利弗：「所言彌勒當答者，舍利弗！今以彌勒名字答？若以色答耶？受想行識答耶？若以色空答耶？受想行識空答耶？是色空不能答，受、想、行、識空不能答。舍利弗！我都不見是法能有所答，亦不見答者及所答人、所用答法、所可答法，我亦不見是法得阿耨多羅三藐三菩提記。」

舍利弗語彌勒菩薩：「如所說法證此法不？」

彌勒言：「我不隨所說法證得。」

舍利弗作是念：「彌勒菩薩智*慧甚深，長夜行般若波羅蜜故。」

爾時佛知舍利弗心所念，語舍利弗言：「於意云何？汝見是法，以是法得阿羅漢不？」

「不也！世尊！」

「舍利弗！菩薩亦如是，行般若波羅蜜有方便故不作是念：是法受阿耨多羅三藐三菩提記，已受記，今受記，當受記。若菩薩如是行，即行般若波羅蜜，不畏不得阿耨多羅三藐三菩提。我勤行精進，必當得阿耨多羅三藐三菩提。舍利弗！菩薩應常不驚不怖，若在惡獸之中不應驚怖。何以故？菩薩應作是念：我今若為惡獸所噉，我當施與，願以具足檀波羅蜜，當近阿耨多羅三藐三菩提。我當如是勤行精進，得阿耨多羅三藐三菩提時，世界之中無一切畜生道。

「若菩薩在怨賊中不應驚怖。何以故？菩薩法不應惜身命，作是念：『若有奪我命者，是中不應生瞋恚，願以具足羼提波羅蜜，當近阿耨多羅三藐三菩提。我應如是勤行精進，得阿耨多羅三藐三菩提時，世界之中無有怨賊及諸寇惡。』

「若菩薩在無水處不應驚怖，作是念：『我應為一切眾生說法除渴。』若我渴乏命終，應作是念：『是眾生無福德故在此無水之處。我應如是勤行精進，得阿耨多羅三藐三菩提時，世界之中無水之處亦令眾生勤行精進，修諸福德，世界之中自然而有八功德水。』

「復次，舍利弗！若菩薩在飢饉之中不應驚怖，作是念：『我應如是勤行精進，得阿耨多羅三藐三菩提時，世界之中無有如是飢饉之患，具足快樂，隨意所須應念即至，如忉利天上所念皆得。』若菩薩如是不驚不怖，當知是菩薩能得阿耨多羅三藐三菩提。

「復次，舍利弗！若菩薩在疾疫處不應驚怖。何以故？是中無法可病故。我應如是勤行精進，得阿耨多羅三藐三菩提時，世界之中一切衆生無有三病，我當勤行精進隨諸佛所行。

「復次，舍利弗！菩薩若念阿耨多羅三藐三菩提久乃可得，不應驚怖。何以故？世界前際已來如一念頃，不應生久遠想，不應念前際是久遠，前際雖為久遠，而與一念相應。如是，舍利弗！若菩薩久乃得阿耨多羅三藐三菩提，不應驚怖退沒。」

*小品般若波羅蜜經☆恒伽提婆品第十八

爾時會中有一女人字恒伽提婆，從座而起，偏袒右肩，右膝著地，合掌向佛，白佛言：「世尊！我於是事不驚不怖，我於來世亦為衆生演說斯要。」即持金華散佛，當佛頂上虛空中住，時佛微笑。阿難從座起，偏袒右肩，右膝著地，合掌向佛，白佛言：「世尊！何因何緣而發微笑？諸佛常法不以無因緣而笑。」

佛告阿難：「是恒伽提婆女人當於來世星宿劫中而得成佛，號曰金花，今轉女身得為男子，生阿閦佛土，於彼佛所常修梵行。命終之後從一佛土至一佛土，常修梵行，乃至得阿耨多羅三藐三菩提不離諸佛，譬如轉輪聖王從一觀至一觀，從生至終足不蹈地。阿難！此女亦如是，從一佛土至一佛土，常修梵行，乃至得阿耨多羅三藐三菩提常不離佛。」

阿難作是念：「爾時菩薩衆會如諸佛會。」

佛即知阿難心所念，告阿難言：「如是！如是！當知爾時菩薩衆會如諸佛會。阿難！是金花佛聲聞入涅槃者無量無邊不可計數，其世界中無諸惡獸怨賊之難，亦無飢饉疾病之患。阿難！是金花佛得阿耨多羅三藐三菩提時，無如是等怖畏之難。」

阿難白佛言：「世尊！是女人於何處初種阿耨多羅三藐三菩提善根？」

「阿難！是女人於燃燈佛所初種善根，以是業善根迴向阿耨多羅三藐三菩提，亦持金華散燃燈佛，求阿耨多羅三藐三菩提。阿難！爾時我以五莖華散燃燈佛，求阿耨多羅三藐三菩提，燃燈佛知我善根淳淑，即授我阿耨多羅三藐三菩提記。時此女人聞我受記，即發願言：『我亦如是於未來世當得受記，如今是人得受阿耨多羅三藐三菩提記。』阿難！是人於燃燈佛所初種善根，發阿耨多羅三藐三菩提心。」

阿難白佛言：「世尊！是人則為久習阿耨多羅三藐三菩提行。」

佛言：「如是！阿難！是人久習阿耨多羅三藐三菩提行。」

爾時須菩提白佛言：「世尊！若菩薩欲行般若波羅蜜，云何應習空？云何應入空三昧？」

佛告須菩提：「菩薩行般若波羅蜜，應觀色空，應觀受、想、行、識空，應以不散心觀，法無所見，亦無所證。」

須菩提言：「世尊！如佛所說菩薩不應證空，云何菩薩入空三昧而不證空？」

「須菩提！若菩薩具足觀空本已生心，但觀空而不證空，我當學空，今是學時，非是證時，不深攝心繫於緣中。爾時菩薩不退助道法，亦不盡漏。何以故？是菩薩有大智慧深善根故，能作是念：『今是學時，非是證時，我為得般若波羅蜜故。』

「須菩提！譬如人勇健多力難可傾動，容儀端正人所愛敬，善解兵法器仗精銳，六十四能皆悉具足，於餘伎術無不鍊解，為人愛念，凡有所作皆得成辦，以是利故多所饒益，衆咸宗敬倍復歡喜。是人有小因緣扶侍父母携將妻子經過險道艱難之處，安隱勸喻父母妻子令無恐怖，作是言：『此路雖險多有怨賊，必得安隱無他躓頓。』其人智力成就前無敵故，能令父母妻子免此衆難，得到城邑聚落村舍，無所傷失心大歡喜，於諸怨賊不生惡心。何以故？是人一切伎術無不鍊解，於險道中，化作人衆多於怨賊，又所執持器仗精銳，彼諸怨賊皆自退散，是故此人敢能自必安隱無患。

「如是[2]，須菩提！菩薩緣一切衆生，繫心慈三昧，過諸結使及助結使法，過諸魔及助魔者，過聲聞、辟支佛地，住空三昧而不盡漏。須菩提！爾時菩薩行空解脫門而不證無相，亦不墮有相。譬如鳥飛虛空而不墮落，行於虛空而不住空。須菩提！菩薩亦如是，若行空、學空，行無相、學無相，行無作、學無作，未具足諸佛法而不墮空、無相、無作。譬如工射之人善於射法，仰射虛空箭箭相拄，隨意久近，能令不墮。如是，須菩提！菩薩行般若波羅蜜，方便所護故不證第一實際，為欲成就阿耨多羅三藐三菩提善根故，成就阿耨多羅三藐三菩提時乃證第一實際。是故，須菩提！菩薩行般若波羅蜜，應如是思惟諸法實相而不取證。」

須菩提白佛言：「世尊！菩薩所為甚難，最為希有！能如是學亦不取證。」

佛告須菩提：「是菩薩不捨一切衆生故，發如是大願。須菩提！若菩薩生如是心：『我不應捨一切衆生，應當度之。』即入空三昧解脫門，無相、無作三昧解脫門，是時菩薩不中道證實際。何以故？是菩薩為方便所護故。復次，須菩提！菩薩若欲入如是深定，所謂空三昧解脫門，無相、無作三昧解脫門，是菩薩先應作是念：『衆生長夜著衆生相，著有所得，我得阿耨多羅三藐三菩提，當斷是諸見而為說法。』即入空三昧解脫門，是菩薩以是心及先方便力故，不中道證實際，亦不失慈、悲、喜、捨三昧。何以故？是菩薩成就方便力故，倍復增長善法，諸根通利，亦得增益菩薩諸力、諸覺。

「復次，須菩提！菩薩作是念：『眾生長夜行於我相，我得阿耨多羅三藐三菩提，當斷是相而為說法。』即入無相三昧解脫門，是菩薩以是心及先方便力故，不中道證實際，亦不失慈、悲、喜、捨三昧。何以故？是菩薩成就方便力故，倍復增長諸善法，善根通利，亦得增益菩薩諸力、諸覺。

「復次，須菩提！菩薩作是念：『眾生長夜行常想、樂想、淨想、我想，以是想有所作，我得阿耨多羅三藐三菩提，斷是常想、樂想、淨想、我想而為說法：是法無常非是常，是苦非樂，不淨非淨，無我非我。』以是心及先方便力故，雖未得佛三昧，未具足佛法，未證阿耨多羅三藐三菩提，而能入無作三昧解脫門，不中道證實際。

「復次，須菩提！菩薩作如是念：『眾生長夜行有所得，今亦行有所得，先行有相，今亦行有相，先行顛倒，今亦行顛倒，先行和合相，今亦行和合相，先行虛妄相，今亦行虛妄相，先行邪見，今亦行邪見。我當勤行精進得阿耨多羅三藐三菩提，為斷衆生如是諸相而為說法，除此諸過。』須菩提！菩薩如是念一切衆生，是以心先方便力故，觀深法相，若空、若無相、無作、無起、無生、無所有。須菩提！菩薩成就如是智慧，若住三界若墮作起法者，無有是處。復次，須菩提！菩薩欲得阿耨多羅三藐三菩提，應問餘菩薩於是諸法應云何學？云何生心？入空不證空，入無相、無作、無起、無生、無所有不證無所有，而能修習般若波羅蜜？菩薩若如是答：『但應念空，念無相、無作、無起、無生、無所有。』不教先心，不說先心，當知是菩薩於過去佛未得受阿耨多羅三藐三菩提記，未住阿毘跋致地。何以故？是菩薩不能說阿毘跋致菩薩不共相，不能正示正答，當知是菩薩未到阿毘跋致地。」

「世尊！云何知是何毘跋致？」

「須菩提！若菩薩若聞若不聞，能如是正答，當知是為阿毘跋致。」

「世尊！以是因緣故衆生多行菩提，少能如是正答者。」

「須菩提！少有菩薩能得阿毘跋致記者，若得受記則能如是正答，當知是菩薩善根明淨，當知是菩薩一切世間天、人、阿修羅所不能及。」

*小品般若波羅蜜經☆阿毘跋致覺魔品第十九

佛告須菩提：「若菩薩摩訶薩乃至夢中不貪著三界及聲聞、辟支佛地，觀一切法如夢而不取證。須菩提！當知是阿毘跋致菩薩相。

「復次，須菩提！若菩薩夢中見佛處在大眾高座上坐，無數百千萬比丘及無數百千萬億大眾恭敬圍遶而為說法。須菩提！當知是阿毘跋致菩薩相。」

「復次，須菩提！菩薩夢中自見其身在於虛空為大眾說法，見身大光，覺已作是念：『我知三界如夢，必當應得阿耨多羅三藐三菩提而為眾生說如是法。』須菩提！當知是阿毘跋致菩薩相。

「復次，須菩提！云何當知菩薩得阿耨多羅三藐三菩提時，其世界中一切皆無三惡道名？須菩提！若菩薩夢中見畜生，作是願：『我當勤行精進，得阿耨多羅三藐三菩提時，其世界中一切皆無三惡道名。』須菩提！當知是阿毘跋致菩薩相。

「復次，須菩提！菩薩若見城郭火起，即作是念：『如我夢中所見相貌，菩薩成就如是相貌，當知是阿毘跋致菩薩。』若我有是相貌作阿毘跋致者，以此實語力故，此城郭火今當滅盡。若火滅盡，當知是菩薩已於先佛得受阿耨多羅三藐三菩提記。若火不滅，當知是菩薩未得受記。若是火燒一家置一家燒，一里置一里，須菩提！當知是衆生有破法重罪，是破法餘殃今世現受。須菩提！以是因緣，當知是阿毘跋致菩薩相。

「復次，須菩提！今當更說阿毘跋致菩薩相貌。須菩提！若男若女為鬼所著，菩薩於此應作是念：『若我已於先佛得受阿耨多羅三藐三菩提記，深心欲得阿耨多羅三藐三菩提，若我所行清淨，離聲聞、辟支佛心，必當應得阿耨多羅三藐三菩提，非不應得。於今現在十方無量阿僧祇佛，是諸佛無所不知，無所不見，無所不得，無所不證，若諸佛知我深心者，必當得阿耨多羅三藐三菩提。』以此實語力故，今是男女為非人所持者，非人當疾去。若是菩薩說是語時非人不去者，當知是菩薩先佛未與授阿耨多羅三藐三菩提記。須菩提！若菩薩說是語時非人去者，當知是菩薩已於先佛得受阿耨多羅三藐三菩提記。

「復次，須菩提！有菩薩未得受記而作誓願：『若我已於先佛得受記者，非人今當捨是人去。』惡魔即便來至其所令非人去。何以故？惡魔威力勝非人故，非人即去。菩薩於此便自念言：『是我力故非人遠去。』而不能知惡魔之力，以是事故輕蔑惡賤諸餘菩薩：『我於先佛已得受記，是諸人等於先佛所未受阿耨多羅三藐三菩提記。』以是因緣增長憍慢，以憍慢因緣故遠離薩婆若佛無上智慧。是菩薩以少因緣生於憍慢，當知是為無有方便，必墮二地，若聲聞地、若辟支佛地。如是，須菩提！以是誓願因緣起於魔事，菩薩於此若不親近善知識者，為魔所縛轉更牢固。須菩提！當知是為菩薩魔事。

「復次，須菩提！惡魔欲以名字因緣壞亂菩薩，作種種形至菩薩所而作是言：『汝善男子！諸佛已與汝受阿耨多羅三藐三菩提記，汝今字是，父母字是，兄弟姊妹知識字是，乃至七世父母皆說其名字，汝生某國某城某聚落某家。』若是人性行柔和，便說其先世性行柔和。若其性急，亦復說其先世性急。若是人受阿練若法，若乞食、若著納衣、若食後不飲漿、若一坐食、若節量食、若住死屍間、若坐空地、若坐樹下、若常坐不臥、若隨敷坐、若少欲知足遠離、若不受塗腳油、若樂少語少論，惡魔亦說其先世受阿練若法乃至樂少語少論，汝今世有頭陀功德，先世亦有頭陀功德。是菩薩聞說如上名字及說頭陀功德，以是因緣故憍慢心生。即時惡魔復作是言：『汝於過去已受阿耨多羅三藐三菩提記。何以故？阿毘跋致功德相貌汝今有之。』須菩提！我所說阿毘跋致菩薩真實相貌，是人無有。須菩提！當知是菩薩為魔所著。何以故？阿毘跋致菩薩相貌是人無有，但聞惡魔所說名字則便輕賤諸餘菩薩。須菩提！當知是菩薩因名字故起於魔事。

「復次，須菩提！復有菩薩因名字故起於魔事，所謂魔至其所作是言：『汝於先佛得受阿耨多羅三藐三菩提記，汝作佛時名號如是。』是菩薩本所願名號同魔所說，無智無方便故，便作是念：『我得阿耨多羅三藐三菩提時所願名號，是比丘所說同我本願。』便隨惡魔所著比丘信受其語，但以名字因緣故則便輕賤諸餘菩薩。須菩提！我所說真實阿毘跋致菩薩相貌是人無有，以輕慢因緣故遠離薩婆若佛無上智慧，是菩薩若離方便及善知識，遇惡知識，當墮二地，若聲聞地、若辟支佛地。須菩提！若是菩薩即於此身悔先諸心，遠離聲聞、辟支佛地，當久在生死，乃復還因般若波羅蜜，得阿耨多羅三藐三菩提。何以故？是諸心罪重故，譬如比丘犯四重禁若一、若二，則非沙門非釋種子，是菩薩以名字輕餘菩薩故，其所獲罪重於四禁。須菩提！置是四禁，如是之罪重於五逆，所謂以名字故生憍慢心。須菩提！以是名字因緣起此微細魔事，菩薩應當覺之，覺已遠離。

「復次，須菩提！惡魔見菩薩有遠離行，便至其所作是言：『善男子！遠離行者，如來常所稱讚。』須菩提！我不說菩薩遠離，在於阿練若處、空閑處、山間樹下、曠絕之處。」

「世尊！若阿練若處、空閑處、山間樹下、曠絕之處不名遠離者，更有何等遠離？」

「須菩提！若菩薩遠離聲聞、辟支佛心，如是遠離，若近聚落亦名遠離，若在阿練若處、空閑處、山間樹下、曠絕之處亦名遠離。須菩提！如是遠離我所聽許。若菩薩晝夜修行如是遠離，若近聚落亦名遠離，若在阿練若處、空閑處、山間樹下、曠絕之處亦名遠離。須菩提！若惡魔所稱讚遠離，阿練若處、空閑處、山間樹下、曠絕之處，是菩薩雖有如是遠離而不遠離聲聞、辟支佛心，不修般若波羅蜜，不為具足一切智慧，是則名為雜糅行者。是菩薩行是遠離則不清淨，輕餘菩薩近聚落住心清淨者，遠離聲聞、辟支佛心者，不雜惡不善法、得諸禪定背捨三昧諸神通力、通達般若波羅蜜者。是無方便菩薩雖在百由旬空曠之處，但有鳥獸、寇賊、惡鬼所行處住，若百千萬億歲、若過是數而不能知真遠離相，遠於真遠離，不知深心發阿耨多羅三藐三菩提心，如是菩薩亦名憒閙行者。若貪著依止如是遠離，是則不能令我心喜。何以故？我所聽許遠離行中不見是人，是人無有如是遠離。

「須菩提！復有惡魔到菩薩所，住虛空中作是言：『善哉！善哉！汝所行者是真遠離，佛所稱讚。以是遠離，汝當疾得阿耨多羅三藐三菩提。』是菩薩從遠離所來至聚落，見餘比丘佛道者心性和柔，便生輕慢：『汝是憒鬧行者。』須菩提！是菩薩以憒鬧為真遠離，以真遠離為憒鬧。如是說其過惡，不生恭敬心，應恭敬而反輕慢，應輕慢而反恭敬，作是念：『我見非人念我而來，助我而來，佛所聽許真遠離行我則行之。汝近聚落，誰當念汝？誰當助汝？』作是念已，輕餘菩薩清淨行者。須菩提！當知是人是菩薩旃陀羅，當知是人污餘菩薩臭穢不淨，當知是人是似像菩薩，當知是人一切世間天人之大賊、沙門形賊。須菩提！求佛道者不應親近如是之人。何以故？如是人等名為增上慢者。須菩提！若菩薩愛惜薩婆若，愛惜阿耨多羅三藐三菩提，深心欲得阿耨多羅三藐三菩提，欲得利益一切衆生，不應親近如是等人。求佛道者常求己利，常應厭離怖畏三界，於此人中當生慈、悲、喜、捨之心。我當如是懃行精進，得阿耨多羅三藐三菩提時無如是惡，若其起者當疾除滅。須菩提！如是行者是為菩薩智慧之力。」

小品般若波羅蜜經卷第七

小品般若波羅蜜經卷第八

後秦龜茲國三藏鳩摩羅什譯

⊙小品般若波羅蜜經☆深心求菩提品第二十

佛告須菩提：「若菩薩欲得阿耨多羅三藐三菩提，應當親近善知識。」

須菩提白佛言：「世尊！何等是菩薩善知識？」

佛告須菩提：「諸佛世尊是菩薩善知識。何以故？能教菩薩令入般若波羅蜜故。須菩提！是名菩薩善知識。復次，須菩提！六波羅蜜是菩薩知識，六波羅蜜是菩薩大師，六波羅蜜是菩薩道，六波羅蜜是菩薩光明，六波羅蜜是菩薩炬。須菩提！過去諸佛皆從六波羅蜜生，未來諸佛從波羅蜜生，現在十方無量阿僧祇世界諸佛皆從六波羅蜜生，又三世諸佛薩婆若皆從六波羅蜜生。何以故？諸佛行六波羅蜜，以四攝法攝取衆生，所謂布施、愛語、利益、同事，得阿耨多羅三藐三菩提。須菩提！是故當知六波羅蜜是大師，是父，是母，是舍，是歸，是洲，是救，是究竟道，六波羅蜜利益一切衆生。是故菩薩欲自深智明了，不隨他語，不信他法，若欲斷一切衆生疑，應當學是般若波羅蜜。」

「世尊！又何等相是般若波羅蜜？」

「須菩提！無礙相是般若波羅蜜。」

「世尊！頗有因緣如般若波羅蜜無礙相，一切法亦無礙相耶？」

「有！須菩提！如般若波羅蜜無礙相，一切法亦無礙相。何以故？須菩提！一切法離相，一切法空相。是故，須菩提！當知般若波羅蜜亦離相空相，一切法亦離相空相。」

「世尊！若一切法離相空相，云何衆生有垢有淨？何以故？離相法無垢無淨，空相法無垢無淨。離相法空相法，不能得阿耨多羅三藐三菩提。離離相離空相，更無有法能得阿耨多羅三藐三菩提。世尊！我今云何當知是義？」

「須菩提！我還問汝，隨意答我。須菩提！於意云何？衆生長夜著我我所不？」

「如是！如是！世尊！衆生長夜著我我所。」

「須菩提！於意云何？我我所空不？」

「世尊！我我所空。」

「須菩提！於意云何？衆生以我我所往來生死不？」

「如是！如是！世尊！衆生以我我所故往來生死。」

「須菩提！如是衆生名為有垢，隨衆生所受所著故，是中實無有垢，亦無受垢者。須菩提！若不受一切法，則無我無我所，是名為淨，是中實無有淨，亦無有受淨者。菩薩如是行，名為行般若波羅蜜。」

「世尊！若菩薩如是行則不行色，不行受、想、行、識。若菩薩如是行者，一切世間天、人、阿修羅不能降伏。世尊！菩薩如是行者，勝一切聲聞、辟支佛所行，住無勝處。世尊！無勝菩薩晝夜行是應般若波羅蜜念，近於阿耨多羅三藐三菩提，疾得阿耨多羅三藐三菩提。」

佛告須菩提：「於意云何？假令閻浮提所有衆生一時皆得人身，發阿耨多羅三藐三菩提心，發心已盡形布施，以是布施迴向阿耨多羅三藐三菩提，須菩提！於意云何？是人以是因緣得福多不？」

須菩提言：「甚多！世尊！」

佛言：「若菩薩乃至一日行應般若波羅蜜念，其福勝彼。隨喜菩薩行應般若波羅蜜念，能為一切衆生而作福田。何以故？唯除諸佛，其餘衆生無如是深慈心如菩薩摩訶薩。諸菩薩因般若波羅蜜能生如是慧，以是慧見一切衆生受諸苦惱如被刑戮，菩薩即得大悲之心。得大悲⊙心已，以天眼觀諸衆生，見無量衆生有無間罪墮於諸難，即生憐愍之心，不住是相亦不住餘相。須菩提！是名諸菩薩大智光明，行是道者則為一切衆生福田，而不退轉阿耨多羅三藐三菩提。所受供養衣服、飲食、臥具、醫藥所須之物，一心修習般若波羅蜜故能淨報施恩，亦近薩婆若。是故菩薩若欲不空食國中施，若欲利益一切衆生，若欲示一切衆生正道，若欲解一切衆生牢獄繫縛，若欲與一切衆生慧眼，常應修行應般若波羅蜜念。若行應般若波羅蜜念，是菩薩有所言說亦與般若波羅蜜相應。何以故？是菩薩有所言說皆隨順般若波羅蜜念，有所念亦隨順言說，菩薩常應如是晝夜念般若波羅蜜。須菩提！譬如人得未曾有寶，得已大喜而復還失，以是因緣憂愁苦惱，其心常念：『我今如何失此大寶？』須菩提！菩薩亦如是，大寶者是般若波羅蜜，菩薩得是已，常應以應薩婆若心念般若波羅蜜。」

須菩提白佛言：「世尊！若一切念從*本已來性常離者，云何說言不應離是應般若波羅蜜念？」

「須菩提！若菩薩能如是知，即不離般若波羅蜜。何以故？般若波羅蜜空，是中無有退失。」

「世尊！若般若波羅蜜空，菩薩云何以般若波羅蜜而得增長？云何亦得近於阿耨多羅三藐三菩提？」

「須菩提！菩薩行般若波羅蜜亦無增無減。須菩提！若菩薩聞是說，不驚不怖不沒不退，當知是菩薩行般若波羅蜜。」
「世尊！般若波羅蜜空相是行般若波羅蜜不？」
「不也！須菩提！」
「世尊！離般若波羅蜜更有法行般若波羅蜜不？」
「不也！須菩提！」
「世尊！空可行空不？」
「不也！須菩提！」
「世尊！離空可行空不？」
「不也！須菩提！」
「世尊！行色是行般若波羅蜜不？」
「不也！須菩提！」
「世尊！行受、想、行、識是行般若波羅蜜不？」
「不也！須菩提！」

「世尊！離色有法可行般若波羅蜜不？」

「不也！須菩提！」

「世尊！離受、想、行、識有法可行般若波羅蜜不？」

「不也！須菩提！」

「世尊！菩薩云何行名為行般若波羅蜜？」

「須菩提！於意云何？汝見有法行般若波羅蜜不？」

「不也！世尊！」

「須菩提！汝見般若波羅蜜法是菩薩行處不？」

「不也！世尊！」

「須菩提！於意云何？汝所不見法頗有生不？」

「不也！世尊！」

「須菩提！是名諸佛無生法忍。菩薩能成就如是忍者，當得受阿耨多羅三藐三菩提記。須菩提！是名諸佛無所畏道。菩薩行是道修習親近，若當不得佛無上智、大智、自然智、一切智、如來智，無有是處。」

「世尊！一切法無生，以是得受阿耨多羅三藐三菩提記不？」

「不也！須菩提！」

「世尊！今云何名為得受阿耨多羅三藐三菩提記？」

「須菩提！於意云何？汝見有法受阿耨多羅三藐三菩提記不？」

「不也！世尊！我不見有法受阿耨多羅三藐三菩提記，亦不見所用法，亦不見所得法。」

「須菩提！如是一切法不可得，不應作是言：是法可得，是所用法可得。」

爾時釋提桓因在大會中白佛言：「世尊！般若波羅蜜甚深，難見難解，畢竟離故。若人聞是般若波羅蜜，書寫受持讀誦，當知是人福德不少。」

「憍尸迦！於意云何？假令閻浮提所有衆生成就十善道，其所得福，不如是人聞是般若波羅蜜書寫受持讀誦，百分不及一，百千萬億分不及一，乃至算數譬喻所不能及。」

時有一比丘語釋提桓因言：「憍尸迦！如是善男子、善女人勝於仁者。」

釋提桓因言：「此人一發心頃尚勝於我，何況得聞般若波羅蜜，書寫受持讀誦，如所說行！是人於一切世間天、人、阿修羅中最為殊勝。菩薩行般若波羅蜜不但勝於一切世間天、人、阿修羅，亦勝須陀洹、斯陀含、阿那含、阿羅漢、辟支佛。菩薩行般若波羅蜜不但勝須陀洹乃至辟支佛，亦勝菩薩離般若波羅蜜無方便行檀波羅蜜。不但勝離般若波羅蜜無方便行檀波羅蜜，亦勝離般若波羅蜜無方便行尸羅波羅蜜、羼提波羅蜜、毘梨耶波羅蜜、禪波羅蜜，如是菩薩最為殊勝。若菩薩隨般若波羅蜜所說行者，皆勝一切世間天、人、阿修羅，一切世間天、人、阿修羅皆應恭敬供養。若菩薩行隨般若波羅蜜所教行者，是菩薩不斷一切種智，是菩薩近阿耨多羅三藐三菩提，是菩薩必坐道場，是菩薩拯濟沒溺生死眾生。菩薩如是學名為學般若波羅蜜，如是學名為不學聲聞、辟支佛。若菩薩如是學時，四天王持四鉢至其所作是言：『善男子！汝疾學得阿耨多羅三藐三菩提坐道場時，我等當奉此四鉢。』世尊！我亦自往問訊，何況餘諸天子！菩薩學般若波羅蜜者，諸佛常共護念。世間衆生種種苦惱，是菩薩能隨行般若波羅蜜故無是諸苦，世尊！是菩薩現世功德。」

爾時阿難作是念：「是釋提桓因自以智慧力如是說耶？為是佛神力？」釋提桓因知阿難心所念，語阿難言：「皆是佛神力。」

佛告阿難：「如是！如是！阿難！如釋提桓因所說，皆是佛神力。阿難！菩薩學般若波羅蜜，修習般若波羅蜜時，三千大千世界諸魔皆生疑惑，是菩薩為當中道證實際墮聲聞、辟支佛地？為當直至阿耨多羅三藐三菩提？」

*小品般若波羅蜜經☆恭敬菩薩品第二十一

佛告阿難：「若菩薩不離般若波羅蜜行，爾時惡魔憂惱如箭入心，放大雨雹雷電霹靂，欲令菩薩驚怖毛竪，其心退沒於阿耨多羅三藐三菩提，乃至一念錯亂。阿難！惡魔不必普欲惱亂一切菩薩。」

「世尊！何等菩薩為惡魔所亂？」

「阿難！有菩薩先世聞說深般若波羅蜜不能信受，如是之人惡魔惱亂而得其便。復次，阿難！若菩薩聞深般若波羅蜜時心生疑惑：『有是深般若波羅蜜耶？無耶？』阿難！如是菩薩亦為惡魔之所得便。復次，阿難！有菩薩離善知識，為惡知識所得，是人不聞深般若波羅蜜中義，以不聞故不知不見，云何應行般若波羅蜜？云何應修般若波羅蜜？阿難！是人亦為惡魔得便。復次，阿難！若菩薩受持邪法，是人亦為惡魔得便。惡魔作是念：『是人助我，亦令餘人助我，亦能滿我所願。』阿難！是人亦為惡魔得便。復次，阿難！菩薩云何為惡魔得便？若菩薩聞深般若波羅蜜，語餘菩薩言：『是般若波羅蜜甚深，我等猶尚不能得底，汝等何用聞為？』是人亦為惡魔得便。阿難！若菩薩輕餘菩薩言：『我是遠離行者，汝等無此功德。』爾時惡魔甚大歡喜踊躍。阿難！若有[①]菩薩為惡魔稱。揚其名字，得是名字故輕餘清淨善心菩薩。是等無有阿毘跋致菩薩功德相貌，而假託阿毘跋致功德，增長煩惱，自高其身而下他人，作是言：『我有所功德，汝無是事。』爾時惡魔即大歡喜，作是念：『我之宮殿則為不空，增益地獄、餓鬼、畜生。』惡魔加其神力故，是人所語人皆信受，信受已，隨所見學，隨所說行。隨所見學，隨所說行已，亦復增益煩惱。如是人等以顛倒心故，所起身、口、意業果報皆苦。以是因緣故，增益地獄、餓鬼、畜生。阿難！惡魔見是利益亦大歡喜。阿難！若求佛道者與聲聞人共諍，惡魔復作是念：『是人雖遠離薩婆若，而不大遠。』阿難！若菩薩共菩薩諍，惡魔即大歡喜，作是念：『是人兩離薩婆若遠。』阿難！若不得受記菩薩瞋恨受記者而共諍競，惡口罵詈。若愛惜薩婆若，隨*所起念，一念却一劫，爾乃還得發大莊嚴。」

阿難白佛言：「世尊！如是罪者何得悔不？要當畢其隨念劫數，爾乃還得發大莊嚴？」

佛言：「有出我說菩薩、聲聞皆有出罪法，不說無出。阿難！若菩薩共菩薩諍，惡口罵詈，不相悔謝結恨在心，我不說此人有出罪法。是人若愛惜薩婆若，畢其隨念劫數，亦復還得發大莊嚴。阿難！若菩薩共菩薩諍，惡口罵詈即相悔謝，後不復作，作是念：『我應謙下一切衆生，我若瞋諍加報於人，則為大失。我應當為一切衆生而作橋梁，我尚不應輕*於他人，何況加報！應如聾瘂，不應自壞深心。我得阿耨多羅三藐三菩提時，當度是等，云何加忿自起瞋礙？』阿難！求菩薩道者，於聲聞人乃至不應生於瞋礙。」

阿難白佛言：「世尊！菩薩與菩薩共住，其法云何？」

佛言：「相視當如佛想，是我大師，同載一乘，共一道行。如彼所學我亦應學，彼若雜行非我所學，若彼清淨學應薩婆若念，我亦應學。菩薩若如是學，是名同學。」

爾時須菩提白佛言：「世尊！若菩薩為盡學，則學薩婆若？為無生學，為離學，為滅學，則學薩婆若？」

佛告須菩提：「如汝所說，菩薩為盡學則學薩婆若，為無生學，為離學，為滅學，則學薩婆若者。須菩提！於意云何？如來以如得名如來，是如非盡非離非滅耶？」

「如是！世尊！」

「須菩提！如是學者名為學薩婆若。學薩婆若為學般若波羅蜜，學佛[①]十力、四無所畏、十八不共法。須菩提！菩薩如是學者則到諸學彼岸，如是學者魔若魔民不能降伏，如是學者疾得阿毘跋致，如是學者疾坐道場，如是學者學自行處，如是學者學救護法，如是學者學大慈大悲，如是學者學三轉十二相法輪，如是學者學度衆生，如是學者學不斷佛種，如是學者學開甘露門。須菩提！凡夫下劣不能如是學，欲調御一切衆生者能如是學。須菩提！菩薩如是學者，不墮地獄、畜生、餓鬼，不生邊地，如是學者不生旃陀羅家，不生竹草作家，不生除糞人家，不生諸餘貧賤之家。須菩提！菩薩如是學者，不盲，不瞎，不睞眼，不痤短，不聾啞，不頑鈍，不形殘，身根具足。須菩提！菩薩如是學者，不奪他命，不盜他物，不邪婬，不妄語，不兩舌，不惡口，不無益語，不貪嫉，不瞋惱，不邪見，不邪命活，不畜邪見眷屬，不畜破戒眷屬。須菩提！菩薩如是學者，不生長壽天。何以故？菩薩成就方便故。何等為方便？所謂從般若波羅蜜起，雖能入禪而不隨禪生。須菩提！菩薩如是學者，得佛清淨力，清淨無畏。」

「世尊！若一切法本淨相者，菩薩復得何等淨清法？」

佛言：「如是！如是！須菩提！一切法本清淨相，菩薩於是本淨相法中行般若波羅蜜，不驚不怖不沒不退，是名清淨般若波羅蜜。須菩提！凡夫不知不見一切法本清淨相，是故菩薩發勤精進於是中學，得清淨諸力、諸無畏。須菩提！菩薩如是學者，悉能通達一切衆生心心所行。須菩提！譬如少所地出閻浮檀金，衆生聚中亦少能如是學般若波羅蜜。譬如衆生少有能起轉輪王業，多有能起諸小王業。如是，須菩提！少有衆生能行般若波羅蜜道，多有發聲聞、辟支佛乘。須菩提！少有衆生能學阿耨多羅三藐三菩提心者，於學阿耨多羅三藐三菩提中少能如說行者，於如說行中少能隨學般若波羅蜜者，於隨學中少能得阿毘跋致者。是故須菩提！菩薩欲在少中之少，當學般若波羅蜜，修習般若波羅蜜。」

*小品般若波羅蜜經☆無慳煩惱品第二十二

佛告須菩提：「若菩薩如是學般若波羅蜜，則不生煩惱心，不生慳心，不生破戒心，不生瞋惱心，不生懈怠心，不生散亂心，不生愚癡心。須菩提！菩薩如是學，皆攝諸波羅蜜。須菩提！譬如六十二見，皆攝在身見中。須菩提！菩薩學般若波羅蜜時，皆攝諸波羅蜜。譬如人死，命根滅故諸根皆滅。如是，須菩提！菩薩學般若波羅蜜，皆攝諸波羅蜜。是故，須菩提！菩薩若欲攝諸波羅蜜，當學般若波羅蜜。須菩提！菩薩學般若波羅蜜，即於一切眾生中最為上首。須菩提！於意云何？三千大千世界眾生寧為多不？」

「世尊！閻浮提眾生尚多，何況三千大千世界！」

「須菩提！是眾生皆為菩薩，若有一人盡形壽供養衣服、飲食、臥具、醫藥，須菩提！於意云何？是人以是因緣得福多不？」

「甚多！甚多！世尊！」

「須菩提！若有菩薩如彈指頃修習般若波羅蜜，福勝於彼。如是，須菩提！般若波羅蜜大利益諸菩薩，能助阿耨多羅三藐三菩提。是故，須菩提！若菩薩欲得阿耨多羅三藐三菩提，欲於一切眾生中為無上者，欲為一切眾生作救護，欲得具足佛法，欲得佛所行處，欲得佛所遊戲，欲得佛師子吼，欲得三千大千世界大會講法，當學般若波羅蜜。須菩提！我不見菩薩學般若波羅蜜不得如是具足之利。」

「世尊！是菩薩亦得具足聲聞利耶？」

「須菩提！菩薩亦學具足聲聞利，但不願住聲聞法中。我當得是聲聞☆，[1]具足諸功德*利雖☆皆能知，但不於中住，作是念：『我亦當說是聲聞功德，教化眾生。』若菩薩如是學者，能為一切世界天人阿修羅作福田，於聲聞、辟支佛福田為最殊勝。菩薩如是學者得近薩婆若，不捨般若波羅蜜，不離般若波羅蜜。菩薩如是行般若波羅蜜，名為不退於薩婆若，遠聲聞、辟支佛地，近阿耨多羅三藐三菩提。是菩薩若作是念：『此是般若波羅蜜，是某般若波羅蜜當得薩婆若。』如是[1]分別，即不行般若波羅蜜。若菩薩不分別般若波羅蜜，不見般若波羅蜜，不言此是般若波羅蜜，是某般若波羅蜜當得薩婆若，如是亦不見不聞不覺不知，即行般若波羅蜜。」

爾時釋提桓因作是念：「是菩薩行般若波羅蜜尚勝一切眾生，何況得阿耨多羅三藐三菩提！若人樂聞般若，是人為得大利，壽命中最，何況能發阿耨多羅三藐三菩提心！是人則為世間之所貪慕，是人當得調御衆生。」

爾時釋提桓因化作曼陀羅華，滿掬散佛上，作是言：「世尊！若有人發阿耨多羅三藐三菩提心者，願令具足佛法，具足薩婆若，具足自然法，具足無漏法。世尊！我乃至不生一念欲使發阿耨多羅三藐三菩提心者有退轉。世尊！我見生死之中有諸苦惱，不生一念欲使菩薩有退轉者，我亦為阿耨多羅三藐三菩提當勤行精進。何以故？是人等能發如是心，則大利益一切世間，我自得度當度未度者，我自得脫當脫未脫者，我自得安當安未安者，我自滅度當度未滅度者。世尊！若人於初發心菩薩隨喜，若於行六波羅蜜、若於阿毘跋致、若於一生補處隨喜，是人為得幾所福德？」

「憍尸迦！須彌山王尚可稱量，是人隨喜福德不可稱量。憍尸迦！三千大千世界尚可稱量，是人隨喜福德不可稱量。」

釋提桓因白佛言：「世尊！若人不能於是諸心隨喜者，則為魔之所著，當知是為魔之眷屬。不能於是諸心隨喜者，當知是人於魔天命終來生此間。何以故？是諸心皆能破諸魔事。是人隨喜福德應迴向阿耨多羅三藐三菩提，若人發阿耨多羅三藐三菩提心者，則為不捨佛，不捨法，不捨僧，以是故應於是諸心而生隨喜。」

「如是！如是！憍尸迦！若人於是諸心隨喜，當知是人疾得值佛。是人又以是隨喜福德善根故，在所生處常得供養恭敬尊重讚歎，不聞諸惡音聲，⊙又亦不墮於諸惡道中，常生天上。何以故？是人隨喜為欲利益無量無邊眾生故，是隨喜心漸漸增長，能至阿耨多羅三藐三菩提，是人得阿耨多羅三藐三菩提時，當滅度無量眾生。憍尸迦！以是因緣當知是人於是諸心隨喜者，即是利益無量無邊眾生善根故隨喜。」

須菩提白佛言：「世尊！是心如幻，云何能得阿耨多羅三藐三菩提？」

「須菩提！於意云何？汝見是人心如幻不？」

「不也！世尊！我不見是心如幻。」

「於意云何？若不見是幻，不見如幻心，離幻離如幻心，更見有法可得阿耨多羅三藐三菩提不？」

「不也！世尊！離幻離如幻心，更不見法得阿耨多羅三藐三菩提。世尊！若我不見異法，當說何法若有若無？世尊！若法畢竟離，即不在有無。若法畢竟離，是法不得阿耨多羅三藐三菩提。世尊！無所有法亦不能得阿耨多羅三藐三菩提，是故般若波羅蜜畢竟離。若法畢竟離則不可修習，如是法者不能生餘法，般若波羅蜜畢竟離故。世尊！般若波羅蜜畢竟離，云何能得阿耨多羅三藐三菩提？阿耨多羅三藐三菩提亦畢竟離，云何以離得離？」

佛言：「善哉！善哉！須菩提！般若波羅蜜畢竟離，阿耨多羅三藐三菩提亦畢竟離，以是因緣故能得阿耨多羅三藐三菩提。須菩提！若般若波羅蜜非畢竟離者，則非般若波羅蜜。如是，須菩提！亦不離般若波羅蜜得阿耨多羅三藐三菩提，亦不以離得離。」

小品般若波羅蜜經卷第八

小品般若波羅蜜經卷第九

後秦龜茲國三藏鳩摩羅什譯

⊙小品般若波羅蜜經☆稱揚菩薩品第二十三

爾時須菩提白佛言：「世尊！菩薩行般若波羅蜜即是行甚深義。」

「如是！如是！須菩提！菩薩行般若波羅蜜即是行甚深義。須菩提！菩薩所為甚難，行甚深義而不證是義，所謂若聲聞地、若辟支佛地。」

「世尊！如我解佛所說義，菩薩所行不難。何以故？取證者不可得，所用取證法亦不可得，所證法亦不可得。若菩薩聞如是說，不驚不怖不沒不退，當知是菩薩行般若波羅蜜，亦不見我行般若波羅蜜，如是亦不分別，當知是菩薩近阿耨多羅三藐三菩提，遠離聲聞、辟支佛地。世尊！譬如虛空不作是念：『是遠是近。』何以故？虛空無分別故。世尊！般若波羅蜜亦如是，不作是念：『聲聞、辟支佛地去我遠，阿耨多羅三藐三菩提去我近。』何以故？般若波羅蜜無分別故。世尊！譬如幻所化人，不作是念：『幻師去我近，觀者去我遠。』何以故？世尊！幻所化人無分別故。世尊！般若波羅蜜亦如是，不作是念：『聲聞、辟支佛地去我遠，阿耨多羅三藐三菩提去我近。』何以故？般若波羅蜜無分別故。世尊！譬如影，不作是念：『所因去我近，餘事去我遠。』何以故？影無分別故。世尊！般若波羅蜜亦如是，不作是念：『聲聞、辟支佛地去我遠，阿耨多羅三藐三菩提去我近。』何以故？般若波羅蜜無分別故。世尊！如如來無憎無愛，般若波羅蜜亦如是無憎無愛。世尊！如如來無諸分別，般若波羅蜜亦如是無諸分別。世尊！如如來所化人不作是念：『聲聞、辟支佛地去我遠，阿耨多羅三藐三菩提去我近。』何以故？如來所化人無分別故。世尊！般若波羅蜜亦如是，不作是念：『聲聞、辟支佛地去我遠，阿耨多羅三藐三菩提去我近。』何以故？般若波羅蜜無

識亦離，衆生離故一切法亦離。若菩薩聞如是說不驚不怖不沒不退，當知是為行般若波羅蜜。」

佛問須菩提：「菩薩何因緣故不驚不怖不沒不退？」

「世尊！空故不沒，無所有故不沒。何以故？沒者不可得，沒法亦不可得，沒處亦不可得。若菩薩聞如是說不驚不怖不沒不退，當知是為行般若波羅蜜。」

「須菩提！菩薩如是行般若波羅蜜，釋提桓因與梵天王衆生主、自在天王及諸天子皆共敬禮。須菩提！不但釋提桓因、梵天王衆生主、自在天王及諸天子敬禮是行般若波羅蜜菩薩，梵世諸天、梵輔天、梵衆天、大梵天、光天、少光天、無量光天、光音天、淨天、少淨天、無量淨天、遍淨天、無陰天、福生天、廣果天、無廣天、無熱天、妙見天、善見天、*阿迦膩吒☆天上諸天，皆敬禮是行般若波羅蜜菩薩。須菩提！今現在無量阿僧祇世界諸佛，皆念是行般若波羅蜜菩薩。須菩提！若菩薩行般若波羅蜜時，為諸佛所念，當知是菩薩即是阿毘跋致。須菩提！假令如恒河沙等世界衆生皆作惡魔，一一化作爾所惡魔，是諸惡魔皆不能壞是行般若波羅蜜菩薩。須菩提！菩薩成就二法惡魔不能壞。何等二？一者、觀一切法空，二者、不捨一切衆生，菩薩成就是二法惡魔不能壞。須菩提！復有二法惡魔不能壞。何等二？一者、隨說能行，二者、諸佛所念。菩薩成就是二法，諸天皆來供養恭敬請問安慰：『善男子！汝行是行，當疾得佛道。汝行是行，無救衆生當為作救，無舍衆生當為作舍，無依衆生當為作依，無洲衆生當為作洲，無究竟道衆生當為作究竟道，無歸衆生當為作歸，無明衆生為作光明，無趣衆生當為作趣。』何以故？是菩薩行般若波羅蜜行，成就是四功德，現在十方無量無邊阿僧祇世界諸佛與比丘僧圍繞說法時，悉皆稱揚讚歎說其名字。須菩提！譬如我今稱揚讚歎*寶相菩薩，說其名字及餘菩薩於阿閦佛所修行梵行，不離是般若波羅蜜行者。如是，須菩提！今現在十方諸佛亦皆稱揚讚歎，說我國中諸菩薩名修行梵行不離般若波羅蜜行者。」

須菩提白佛言：「世尊！一切諸佛說法時，普皆稱揚讚歎諸菩薩不？」

「不也！須菩提！諸佛說法時有稱讚者，有不稱讚者。須菩提！諸佛說法時稱讚歎諸阿毘跋致菩薩。」

「世尊！未得阿毘跋致者，諸佛說法亦皆稱讚歎不？」

「須菩提！未得阿毘跋致者，諸佛亦有稱揚讚歎者。何者是能隨學阿閦佛為菩薩時所行道者，如是菩薩雖未得阿毘跋致，亦為諸佛稱揚讚歎。須菩提！有能隨學*寶相菩薩所行道者，如是菩薩雖未得阿毘跋致，亦為諸佛稱揚讚歎。復次，須菩提！有菩薩行般若波羅蜜，信解一切法無生，而未得無生法忍；信解一切法空，而於阿毘跋致地中未得自在；能行一切法寂滅相，而未入阿毘跋致地。須菩提！菩薩如是行者，諸佛說法時亦皆稱揚讚歎。未得阿毘跋致而為諸佛說法時稱揚讚歎者，則離聲聞、辟支佛地，近於佛地，必得阿耨多羅三藐三菩提記。須菩提！若菩薩行般若波羅蜜，諸佛說法時稱揚讚歎者，當知是菩薩必至阿毘跋致。」

*小品般若波羅蜜經☆囑累品第二十四

佛告須菩提：「若菩薩聞是甚深般若波羅蜜，信解不疑，不悔不難，是菩薩當於阿閦佛及諸菩薩所聞深般若波羅蜜亦復信解。須菩提！菩薩若能信解如佛所說般若波羅蜜，是人必至阿毘跋致。須菩提！若人但聞般若波羅蜜尚得饒益，何況信解如所說行，當住薩婆若！

須菩提白佛言：「世尊！若離如更無法可得，誰當住薩婆若？誰當得阿耨多羅三藐三菩提？誰當說法？」

佛告須菩提：「汝所問離如更無法可得，誰當住薩婆若，誰當得阿耨多羅三藐三菩提，誰當說法者，如是！如是！須菩提！離如更無法住如中，如尚不可得，何況住如者？如不能得阿耨多羅三藐三菩提，離如亦不能得阿耨多羅三藐三菩提。如無說法，離如亦無說法者。」

爾時釋提桓因白佛言：「世尊！無住如者，無得阿耨多羅三藐三菩提者，無說法者，而菩薩聞是深法，不疑不悔不難，而欲得阿耨多羅三藐三菩提，是為甚難！」

須菩提語釋提桓因：「憍尸迦！如所說菩薩聞是深法，不疑不悔不難，欲得阿耨多羅三藐三菩提，是為甚難者，憍尸迦！一切法空，此中誰當疑悔難者？」

釋提桓因語須菩提：「如所說者，皆因於空而無所礙，譬如仰射虛空，箭去無礙。須菩提！所說無礙亦如是。」

爾時釋提桓因白佛言：「世尊！我如是說如是答，為隨如來說，隨法答不？」

「憍尸迦！汝如是說如是答，為隨如來說，為隨法答，皆為正答。憍尸迦！須菩提所說皆因於空，須菩提尚不能得般若波羅蜜，何況行般若波羅蜜者！尚不得阿耨多羅三藐三菩提，何況得阿耨多羅三藐三菩提者！尚不得薩婆若，何況得薩婆若者！尚不得如，何況得如者！尚不得無生，何況得無生者！尚不得諸力，何況得諸力者！尚不得無所畏，何況得無所畏者！尚不得法，何況說法者！憍尸迦！須菩提常樂遠離，樂無所得行。憍尸迦！是須菩提所行於菩薩所行，百分不及一，百千萬億分不及一，乃至算數譬喻所不能及。憍尸迦！唯除如來所行，菩薩行般若波羅蜜，於餘行中最大最勝最上最妙，菩薩所行亦於聲聞、辟支佛所行最大最勝最上最妙。是故憍尸迦！若人欲於一切衆生中最上者，當行菩薩所行般若波羅蜜。」

爾時會中忉利諸天子以天曼陀羅華散佛上，六百比丘從座而起，偏袒右肩，右膝著地，合掌向佛，佛神力故花悉滿掬，即以此華散佛上，散已作是言：「世尊！我等皆當行是上行。」

佛即微笑。諸佛常法若微笑時，青、黃、赤、白無量色光從口而出，是諸光明遍照無量無邊世界，上至梵天，還遶身三匝從頂上入。

阿難即從座而起，偏袒右肩，右膝著地，合掌向佛白佛言：「世尊！何因緣故微笑？諸佛不以無因緣而笑。」

佛告阿難：「是六百比丘當於星宿劫得成佛，同號散花。阿難！是諸如來比丘僧數悉皆同等，壽命亦等俱二萬劫，彼諸比丘從是已後，在所生處常得出家，其世界常雨五色好華。是故，阿難！若人欲行上行，當行般若波羅蜜。若菩薩欲行如來行，當行般若波羅蜜。阿難！若菩薩行般若波羅蜜，當知是人從人間命終，若於兜率天上命終，來生人間。何以故？人中、兜術天上行般若波羅蜜易故。

「阿難！若菩薩行般若波羅蜜，信樂受持讀誦書寫，書寫已以般若波羅蜜示教利喜諸餘菩薩，當知是人為如來所見，當知是人於諸佛所種諸善根，不於弟子所種善根。阿難！若菩薩學般若波羅蜜，不驚不畏，信樂受持讀誦，如所說行，當知是人至現在佛所，若有信般若波羅蜜，不謗不逆，當知是人已供養諸佛。阿難！若人於佛所種善根求阿羅漢、辟支佛，是善根不虛，亦不離般若波羅蜜。

「是故，阿難！我今以般若波羅蜜囑累於汝。阿難！我所說法，唯除般若波羅蜜，有所受持若忘失，其過尚少。汝若受持般若波羅蜜，乃至忘失一句，其過甚重。是故，阿難！我以般若波羅蜜囑累於汝。汝所聞受時，皆應讀誦悉令通利，善念在心，當令章句分明。何以故？般若波羅蜜是過去、未來、現在諸佛法藏故。阿難！若人於今現在欲以慈心恭敬供養我者，是人當以是心供養般若波羅蜜，受持讀誦，如所說行，即是供養於我。阿難！是人不但供養於我，亦為恭敬供養過去未來現在諸佛。阿難！汝若愛重不捨於我，亦應如是愛重不捨般若波羅蜜，乃至一句慎莫忘失。阿難！我為囑累般若波羅蜜因緣故，若於一劫、百劫、千萬億那由他劫乃至如恒河沙等劫說不可盡。阿難！今但略說。如我今為大師，過去、現在十方諸佛於一切世間天、人、阿修羅中亦為大師，般若波羅蜜亦於一切世間天、人、阿修羅中而作大師，有如是等無量因緣故，我於一切世間天、人、阿修羅中，以般若波羅蜜囑累於汝。」

佛告阿難：「若人愛重佛，愛重法，愛重僧，愛重過去、未來、現在諸佛阿耨多羅三藐三菩提，當以是愛重愛重般若波羅蜜，此則是我所用教化。阿難！若有人受持讀誦般若波羅蜜，當知是人則為受持過去、未來、現在諸佛阿耨多羅三藐三菩提。阿難！般若波羅蜜欲斷絕時，若欲護助者，是人則是護助過去、未來、現在諸佛阿耨多羅三藐三菩提。何以故？阿難！諸佛阿耨多羅三藐三菩提皆從般若波羅蜜生。阿難！若過去諸佛阿耨多羅三藐三菩提皆從般若波羅蜜生，未來諸佛阿耨多羅三藐三菩提亦從般若波羅蜜生，現在無量阿僧祇世界諸佛阿耨多羅三藐三菩提亦從般若波羅蜜生。是故，阿難！若菩薩欲得阿耨多羅三藐三菩提，當善學六波羅蜜。何以故？阿難！諸波羅蜜是諸菩薩母，能生諸佛，若菩薩學是六波羅蜜，當得阿耨多羅三藐三菩提。是故，阿難！我以六波羅蜜重囑累汝。何以故？是六波羅蜜是諸佛無盡法藏。阿難！汝若因小乘法為小乘人說，三千大千世界衆生皆以是法證阿羅漢，汝為弟子，功德蓋少。若以六波羅蜜為菩薩說，汝為弟子，功德具足，我則喜悅。阿難！若人以是小乘法教三千大千世界衆生得阿羅漢證，是諸布施、持戒、修善福德寧為多不？」

阿難言：「甚多！世尊！」

佛告阿難：「是福雖多，不如聲聞人為菩薩說般若波羅蜜乃至一日，其福甚多。阿難！置此一日，若從旦至食時；置從旦至食時，及至一漏刻頃；置是一漏刻頃，乃至須臾。⊙頃，為菩薩說法，是人於一切聲聞、辟支佛善根福德不可相比。若菩薩如是行如是念，於阿耨多羅三藐三菩提退轉者，無有是處。」

*小品般若波羅蜜經☆見阿閦佛品第二十五

佛說般若波羅蜜，是時會中四衆比丘、比丘尼、優婆塞、優婆夷，天、龍、夜叉、乾闥婆、阿修羅、迦樓羅、緊那羅、摩睺羅伽、人非人等，佛神力故，見阿閦佛在大會中恭敬圍繞而為說法，如大海水不可移動，時諸比丘皆阿羅漢，諸漏已盡無復煩惱，心得自在，及諸菩薩摩訶薩其數無量。佛攝神力，大會四衆等皆不復見阿閦如來及聲聞、菩薩、國界嚴飾。

佛告阿難：「一切法亦如是，不與眼作對，如今阿閦佛及阿羅漢諸菩薩衆皆不復現。何以故？法不見法，法不知法。阿難！一切法非知者，非見者，無作者，無貪著，不分別故。阿難！一切法不可思議，猶如幻人。一切法無受者，不堅牢故。菩薩如是行者，名為行般若波羅蜜。於法亦無所著，菩薩如是學者，名為學般若波羅蜜。阿難！若菩薩欲到一切法彼岸，當學般若波羅蜜。何以故？阿難！學般若波羅蜜於諸學中最為第一，安樂利益諸世間故。阿難！如是學者，無依止者為作依止。如是學者，諸佛所許，諸佛所讚。諸佛如是學已，能以足指震動三千大千世界。阿難！諸佛學是般若波羅蜜，於過去、未來、現在一切法中，得無礙知見。阿難！是故般若波羅蜜最上最妙。阿難！若欲稱量般若波羅蜜，即是稱量虛空。何以故？是般若波羅蜜無量故。阿難！我不說有般若波羅蜜有限有量。阿難！名字章句語言有量，般若波羅蜜無量。」

「世尊！何因緣故般若波羅蜜無量？」

「阿難！般若波羅蜜無盡故無量，般若波羅蜜離故無量。阿難！過去諸佛皆從般若波羅蜜出，而般若波羅蜜不盡。未來諸佛皆從般若波羅蜜出，而般若波羅蜜不盡。現在無量世界諸佛皆從般若波羅蜜出，而般若波羅蜜不盡。是故般若波羅蜜已不盡，今不盡，當不盡。阿難！若人欲盡般若波羅蜜，為欲盡虛空。」

爾時須菩提作是念：「是事甚深，我當問佛。」

即白佛言：「世尊！般若波羅蜜無盡耶？」

「須菩提！般若波羅蜜無盡，虛空無盡故般若波羅蜜無盡。」

「世尊！應云何出生般若波羅蜜？」

「須菩提！色無盡故是生般若波羅蜜，受、想、行、識無盡故是生般若波羅蜜。須菩提！菩薩坐道場時，如是觀十二因緣，離於二邊，是為菩薩不共之法。

若菩薩如是觀因緣法，不墮聲聞、辟支佛地，疾近薩婆若，必得阿耨多羅三藐三菩提。須菩提！若諸菩薩有退轉者，不得如是念，不知菩薩行般若波羅蜜云何以無盡法觀十二因緣。須菩提！若諸菩薩有退轉者，不得如是方便之力。須菩提！若諸菩薩不退轉者，皆得如是方便之力，所謂菩薩行般若波羅蜜，以如是無盡法觀十二因緣。若菩薩如是觀時，不見諸法無因緣生，亦不見諸法常，不見諸法作者受者。須菩提！是名菩薩行般若波羅蜜時觀十二因緣法。須菩提！若菩薩行般若波羅蜜時，不見色，不見受、想、行、識，不見此佛世界，不見彼佛世界，亦不見有法見此佛世界彼佛世界。須菩提！若有菩薩能如是行般若波羅蜜，是時惡魔憂愁如箭入心，譬如新喪父母甚大憂毒。菩薩亦如是行般若波羅蜜，惡魔甚大憂毒。」

「世尊！但一惡魔愁毒？三千◎大千☆世界惡魔皆悉愁毒耶？」

「須菩提！是諸惡魔皆悉憂毒，各於坐處不能自安。須菩提！菩薩如是行般若波羅蜜，一切世間天、人、阿修羅無能得便，不見有法可退者。是故，須菩提！菩薩欲得阿耨多羅三藐三菩提，當如是行般若波羅蜜。菩薩如是行般若波羅蜜時，則具足檀波羅蜜、尸羅波羅蜜、羼提波羅蜜、毘梨耶波羅蜜、禪波羅蜜。菩薩行般若波羅蜜時，則具足諸波羅蜜，亦能具足方便力。是菩薩行般若波羅蜜，諸有所作生便能知。是故，須菩提！菩薩欲得方便力者，當學般若波羅蜜，當修般若波羅蜜。須菩提！若菩薩行般若波羅蜜，生般若波羅蜜時，應念現在無量無邊世界諸佛，諸佛薩婆若智，皆從般若波羅蜜生。菩薩如是念時，應如是思惟：『如十方諸佛所得諸法相，我亦當得。』須菩提！菩薩行般若波羅蜜應生如是念。須菩提！若菩薩能生如是念乃至彈指頃，勝於如恒河沙劫布施福德，何況一日、半日！當知是菩薩必至阿毘跋致，當知是菩薩為諸佛所念。須菩提！菩薩為諸佛所念者，不生餘處，必當*至於阿耨多羅三藐三菩提，是菩薩終不墮三惡道，常生好處，不離諸佛。須菩提！菩薩行般若波羅蜜，生般若波羅蜜，乃至彈指頃得如是功德，何況一日、若過一日！如香象菩薩，今在阿閦佛所行菩薩道，常不離般若波羅蜜行。」

說是法時，諸比丘衆、一切大會天、人、阿修羅皆大歡喜。

*小品般若波羅蜜經☆隨知品第二十六

佛告須菩提：「一切法無分別，當知般若波羅蜜亦如是。一切法無壞，當知般若波羅蜜亦如是。一切法但假名字，當知般若波羅蜜亦如是。一切法以言說故有，當知般若波羅蜜亦如是。又此言說無所有無處所，當知般若波羅蜜亦如是。一切法虛假為用，當知般若波羅蜜亦如是。一切法無量，當知般若波羅蜜亦如是。色無量，當知般若波羅蜜亦如是。受、想、行、識無量，當知般若波羅蜜亦如是。一切法無相，當知般若波羅蜜亦如是。一切法通達相，當知般若波羅蜜亦如是。一切法本來清淨，當知般若波羅蜜亦如是。一切法無言說，當知般若波羅蜜亦如是。一切法同於滅，當知般若波羅蜜亦如是。一切法如涅槃，當知般若波羅蜜亦如是。一切法不來不去無所生，當知般若波羅蜜亦如是。一切法無彼我，當知般若波羅蜜亦如是。賢聖畢竟清淨，當知般若波羅蜜亦如是。捨一切檐，當知般若波羅蜜亦如是。何以故？色無形無處，自性無故。受、想、行、識無形無處，自性無故。

「一切法無熱，當知般若波羅蜜亦如是。一切法無染無離，當知般若波羅蜜亦如是。何以故？色無所有故無染無離，受、想、行、識無所有故無染無離。一切法性清淨，當知般若波羅蜜亦如是。一切法無繫者，當知般若波羅蜜亦如是。一切法是菩提覺以佛慧，當知般若波羅蜜亦如是。一切法空、無相、無作，當知般若波羅蜜亦如是。一切法是藥，慈心為首，當知般若波羅蜜亦如是。一切法梵相、慈相、無過、無恚，當知般若波羅蜜亦如是。

「大海無邊，當知般若波羅蜜亦如是。虛空無邊，當知般若波羅蜜亦如是。日照無邊，當知般若波羅蜜亦如是。色離，當知般若波羅蜜亦如是。受、想、行、識離，當知般若波羅蜜亦如是。一切音聲無邊，當知般若波羅蜜亦如是。諸性無邊，當知般若波羅蜜亦如是。集無量善法，當知般若波羅蜜亦如是。一切法三昧無邊，當知般若波羅蜜亦如是。佛法無邊，當知般若波羅蜜亦如是。法無邊，當知般若波羅蜜亦如是。空無邊，當知般若波羅蜜亦如是。心心數法無邊，當知般若波羅蜜亦如是。諸心所行無邊，當知般若波羅蜜亦如是。善法無量，當知般若波羅蜜亦如是。不善法無量，當知般若波羅蜜亦如是。如師子吼，當知般若波羅蜜亦如是。

「何以故？色如大海，受、想、行、識如大海。色如虛空，受、想、行、識如虛空。色如須彌山莊嚴，受、想、行、識如須彌山莊嚴。色如日光，受、想、行、識如日光。色如聲無邊，受、想、行、識如聲無邊。色如衆生性無邊，受、想、行、識如衆生性無邊。色如地，受、想、行、識如地。色如水，受、想、行、識如水。色如火，受、想、行、識如火。色如風，受、想、行、識如風。色如空種，受、想、行、識如空種。色離集善相，受、想、行、識離集善相。色離和合法，受、想、行、識離和合法。色三昧故無邊，受、想、行、識三昧故無邊。色相無邊，色、色離、色性、色如是佛法，受想行識、識離、識性、識如是佛法。色相無邊，受、想、行、識相無邊；色空無邊，受、想、行、識空無邊。色心所行故無邊，受、想、行、識心所行故無邊。色中善不善不可得，受、想、行、識中善不善不可得。色不可壞，受、想、行、識不可壞。色是師子吼，受、想、行、識是師子吼。當知般若波羅蜜亦如是。」

小品般若◎波羅蜜☆經卷第九

小品般若波羅蜜經卷第十

後秦龜茲國三藏鳩摩羅什譯

◎小品般若波羅蜜經☆薩陀波崙品第二十七

佛告須菩提：「若菩薩欲求般若波羅蜜，當如薩陀波崙菩薩，今在雷音威王佛所行菩薩道。」

須菩提白佛言：「世尊！薩陀波崙菩薩云何求般若波羅蜜？」

佛告須菩提：「薩陀波崙菩薩本求般若波羅蜜時，不依世事，不惜身命，不貪利養，於空林中聞空中聲言：『善男子！汝從是東行，當得聞般若波羅蜜。行時莫念疲倦，莫念睡眠，莫念飲食，莫念晝夜，莫念寒熱。如是諸事莫念莫觀，亦莫思惟，離諂曲心，莫自高身，卑下他人。當離一切眾生之相，當離一切利養名譽，當離五蓋，當離慳嫉。亦莫分別內法外法，行時莫得左右顧視，莫念前莫念後，莫念上莫念下，莫念四維，莫動色、受、想、行、識。何以故？若動色、受、想、行、識，則不行佛法，行於生死。如是之人，不能得般若波羅蜜。』」

「薩陀波崙報空中聲言：『當如教行。何以故？我為一切眾生作光明故集諸佛法。』

「空中聲言：『善哉！善哉！善男子！汝應信解空、無相、無作法，應離諸相，離於有見，離眾生見、人見、我見求般若波羅蜜。善男子！應離惡知識，親近善知識，善知識者能說空、無相、無作、無生、無滅法。善男子！汝能如是，不久得聞般若波羅蜜，若從經卷聞，若從法師聞。善男子！汝所從聞般若波羅蜜，當於是人生大師想，當知報恩，應作是念：「我所從聞般若波羅蜜則是我善知識，我得聞般若波羅蜜，當不退於阿耨多羅三藐三菩提，不離諸佛不生無佛世界，得離諸難。」思惟如是功德利故，於法師所生大師想。善男子！莫以世俗財利心故隨逐法師，當以愛重恭敬法故隨逐法師。又，善男子！應覺魔事，惡魔或時為說法者作諸因緣，令受好妙色、聲、香、味、觸。說法者以方便力故受是五欲，汝於此中莫生不淨之心，應作念言：「我不知方便之力，法師或為利益眾生令種善根故受用是法，諸菩薩者無所障礙。」善男子！汝於爾時應觀諸法實相。何等是諸法實相？佛說一切法無垢。何以故？一切法性空，一切法無我無眾生，一切法如幻、如夢、如響、如影、如炎。善男子！汝若如是觀諸法實相隨逐法師，不久當善知般若波羅蜜。又，善男子！復應覺知魔事，若法師於求般若波羅蜜者，心有嫌恨而不顧錄，汝於此中不應憂惱，但以愛重恭敬法心隨逐法師，勿生厭離。』

「須菩提！薩陀波崙菩薩受虛空中如是教已，即便東行。東行不久，復作是念：『我向者云何不問空中聲東行遠近？當從誰聞般若波羅蜜？』即住不行，憂愁啼哭，作是念言：『我住於此若一日、二日乃至七日，不念疲極，不念睡眠，不念飲食，不念晝夜，不念寒熱，要當得知我從誰聞般若波羅蜜？』

「須菩提！譬如有人唯有一子，愛之甚重，一旦命終甚大憂惱，唯懷憂惱無有餘念。須菩提！薩陀波崙亦如是，無有餘念，但念我當何時得聞般若波羅蜜？須菩提！薩陀波崙菩薩如是憂愁啼哭，時佛像在前立，讚言：『善哉！善哉！善男子！過去諸佛本行菩薩道時，求般若波羅蜜亦如汝今。是故，善男子！汝以是勤行精進，愛樂法故，從是東行，去此五百由旬，有城名眾香，七寶合成。其城七重，縱廣十二*由旬☆，皆以七寶多羅之樹周遍圍遶，豐樂安靜人民熾盛，街巷相當端嚴如畫，橋津如地寬博清淨。七重城上皆以閻浮檀金而為樓閣，一一樓閣七寶行樹種種寶果，其諸樓閣次第皆以寶繩連綿，寶鈴羅網以覆城上，風吹鈴聲其音和雅，如作五樂甚可愛樂，以是音聲娛樂眾生。其城四邊流池清淨，冷*暖調適，中有諸船七寶嚴飾，是諸眾生宿業所致，娛樂遊戲諸池水中，種種蓮華青、黃、赤、白，眾雜好華香色具足遍滿其上，三千大千世界所有好華悉皆具有。其城四邊有五百園觀，七寶莊嚴甚可愛樂，一一園中有五百池水，池水各各縱廣十里，皆以七寶雜色莊嚴。諸池水中皆有青、黃、赤、白蓮花，大如車輪彌覆水上，青色青光，黃色黃光，赤色赤光，白色白光。諸池水中皆有鳧鴈鴛鴦異類衆鳥，是諸園觀池沼適無所屬，皆是衆生宿業果報，長夜信樂深法，行般若波羅蜜福德所致。善男子！衆香城中有大高臺，曇無竭菩薩摩訶薩宮舍在上，其宮縱廣[1]五十里，皆以七寶校成，雜色莊嚴，*垣墻七重皆亦七寶，七寶行樹周匝圍遶。其宮舍中有四*園觀常所娛樂，一名常喜，二名無憂，三名華飾，四名香飾。一一園中有八池水，一名為賢，二名賢上，三名歡喜，四名喜上，五名安隱，六名多安隱，七名必定，八名阿毘跋致。諸池水邊面各*七寶，黃金、白銀、琉瑠、頗梨、玫瑰為底，金沙布上。一一池側有八梯階，種種寶物以為梯橙，諸階、陛間有閻浮檀金芭蕉之樹。諸池水中，皆有青、黃、赤、白蓮花遍覆其上。鳧鴈鴛鴦孔雀衆鳥，鳴聲相和，甚可愛樂。諸池水邊皆生花樹香樹，風吹香華墮池水中，其池成就八功德水，香若栴檀，色味具足。曇無竭菩薩與六萬八千婇女，五欲具足共相娛樂，及城中男女俱入常喜等園、賢等池中，共相娛樂。善男子！曇無竭菩薩與諸婇女遊戲娛樂已，日日三時說般若波羅蜜。衆香城中男女大小為曇無竭菩薩，於其城內多聚人處敷大法座。其座四足，或以黃金或以白銀，或以琉璃或以頗梨，敷以綩綖雜色茵蓐，以迦尸白氎而覆其上，座高五里，施諸幃帳，其地四邊散五色華，燒衆名香，供養法故。曇無竭菩薩於此座上說般若波羅蜜。善男子！彼諸人衆如是供養恭敬曇無竭菩薩，為聞般若波羅蜜故。於是大會，百千萬衆諸天世人一處集會，中有聽者，中有受者，中有持者，中有誦者，中有書者，中有正觀者，中有如說行者。是諸衆生已度惡道，皆不退轉於阿耨多羅三藐三菩提。善男子！汝從是去，當於曇無竭菩薩所聞般若波羅蜜，曇無竭菩薩世世是汝善知識，示教利喜汝阿耨多羅三藐三菩提。善男子！曇無竭菩薩本行菩薩道時，求般若波羅蜜亦如汝今。今汝東行，莫計晝夜，不久當得聞般若波羅蜜。』

「薩陀波崙菩薩心大歡喜。譬如有人為毒箭所中，更無餘念，唯念何時當得良醫拔出毒箭，除我此苦。如是薩陀波崙菩薩無有餘念，但念何時得見曇無竭菩薩為我說般若波羅蜜，我聞般若波羅蜜斷諸有見。

「爾時薩陀波崙即於住處一切法中，生無決定想，入諸三昧門，所謂諸法性觀三昧、諸法不可得三昧、破諸法無明三昧、諸法不異三昧、諸法不壞三昧、諸法照明三昧、諸法離闇三昧、諸法不相續三昧、諸法性不可得三昧、散華三昧、不受諸身三昧、離幻三昧、如鏡像三昧、一切衆生語言三昧、一切衆生歡喜三昧、隨一切善三昧、種種語言字句莊嚴三昧、無畏三昧、性常默然三昧、無礙解脫三昧、離塵垢三昧、名字語言莊嚴三昧、一切見三昧、一切無礙際三昧、如虛空三昧、如金剛三昧、無負三昧、得勝三昧、轉眼三昧、畢法性三昧、得安隱三昧、師子吼三昧、勝一切衆生三昧、離垢三昧、無垢淨三昧、華莊嚴三昧、隨堅實三昧、出諸法得力無畏三昧、通達諸法三昧、壞一切法印三昧、無差別見三昧、離一切見三昧、離一切闇三昧、離一切相三昧、離一切著三昧、離一切懈怠三昧、深法照明三昧、善高三昧、不可奪三昧、破魔三昧、生光明三昧、見諸佛三昧。

「薩陀波崙菩薩住是諸三昧中，即見十方諸佛為諸菩薩說般若波羅蜜，諸佛各各安慰讚言：『善哉！善哉！善男子！我等本行菩薩道時求般若波羅蜜，亦如汝今得是諸三昧，亦如汝今得是諸三昧已了達般若波羅蜜，住阿毘跋致地。我等得是諸三昧故，得阿耨多羅三藐三菩提。善男子！是為般若波羅蜜，所謂於諸法無所念，我等住於無念法中，得如是金色之身三十二相大光明不可思議智慧，諸佛無上三昧無上智慧，盡諸功德邊，如是功德諸佛說之猶不能盡，況聲聞、辟支佛！是故，善男子！汝於是法倍應恭敬愛重，生清淨心，為得阿耨多羅三藐三菩提不足為難，汝於善知識應深恭敬愛重信樂。善男子！若菩薩為善知識所護念者，疾得阿耨多羅三藐三菩提。』

「薩陀波崙菩薩白諸佛言：『何等是我善知識？』

「諸佛答言：『善男子！曇無竭菩薩世世教誨成就汝於阿耨多羅三藐三菩提，令汝得學般若波羅蜜方便之力，曇無竭菩薩是汝善知識，汝應報恩。善男子！汝若於一劫、若二劫、三劫，乃至百劫、若過百劫，頂戴恭敬，以一切樂具而供養之。若以三千大千世界妙好色、聲、香、味、觸盡以供養，亦未能報須臾之恩。何以故？以曇無竭菩薩因緣力故，令汝得如是諸深三昧及聞般若波羅蜜方便。』

「諸佛如是教授安慰薩陀波崙菩薩已，忽然不現。薩陀波崙菩薩從三昧起，不見諸佛，作是念：『是諸佛向從何來？今至何所？』不見佛故即大憂愁，作是念：『曇無竭菩薩已得陀羅尼諸神通力，已曾供養過去諸佛，世世為我善知識，常利益我，我至曇無竭菩薩所，當問諸佛從何所來？去至何所？』

「爾時薩陀波崙菩薩於曇無竭菩薩益加愛重，恭敬信樂，作如是念：「我今貧窮，無有華香、瓔珞、燒香、塗香、衣服、幡蓋、金銀、真珠、頗梨、珊瑚，無有如是諸物可以供養曇無竭菩薩，我今不應空往曇無竭菩薩所，我若空往心則不安，當自賣身以求財物，為般若波羅蜜故供養曇無竭菩薩。何以故？我世世已來喪身無數，於無始生死中，為欲因緣故在於地獄受無量苦，未曾為是清淨之法。」

「是時薩陀波崙菩薩中道入一大城至市肆上，高聲唱言：『誰欲須人？誰欲須人？』

「爾時惡魔作是念：『薩陀波崙菩薩為愛法故①自賣身，以供養曇無竭菩薩，為聞般若波羅蜜方便：云何菩薩行般若波羅蜜疾得阿耨多羅三藐三菩提？亦得多聞如大海水，不為諸魔所壞，能盡一切諸功德邊，於此利益無量衆生？是諸衆生出我境界，得阿耨多羅三藐三菩提，我今當往壞其道意。』

「即時惡魔隱蔽諸人，乃至不令一人得聞唱聲，唯一長者女魔不能蔽，薩陀波崙菩薩賣身不售，在一處立，流淚而言：『我為大罪故，欲自賣身供養曇無竭菩薩為聞般若波羅蜜，而無買者。』

「爾時釋提桓因作是念：『我今當試是善男子實以深心為愛法故捨是身不？』即化作婆羅門，在薩陀波崙菩薩邊行，問言：『善男子！汝今何故憂愁啼哭？』

「薩陀波崙言：『我*今貧窮無有財寶，欲自賣身供養曇無竭菩薩為聞般若波羅蜜，而無買者。』

「婆羅門言：『善男子！我不須人，今欲大祠，當須人心、人血、人髓，能與我不？』

「薩陀波崙自念：『我得大利，定當得聞般若波羅蜜方便，以婆羅門欲買心血髓故。』即大歡喜語婆羅門：『汝所須者盡當相與。』

「婆羅門言：『汝須何價？』

「答言：『隨汝所與。』

「薩陀波崙菩薩即執利刀刺右臂出血，復割右髀欲破骨出髓，時一長者女在閣上遙見薩陀波崙菩薩刺臂出血，割其右髀，復欲破骨出髓，作是念：『此善男子何因緣故困苦其身？我當往問。』

「時長者女即便下閣到薩陀波崙菩薩所，問言：『善男子！何因緣故困苦其身，用是血髓為？』

「薩陀波崙言：『賣與婆羅門，供養般若波羅蜜及曇無竭菩薩。』

「長者女言：『善男子！汝賣血髓供養是人，得何等利？』

「薩陀波崙言：『是人當為我說般若波羅蜜方便力，我隨中學，當得阿耨多羅三藐三菩提，金色之身三十二相，常光無量光，大慈、大悲、大喜、大捨，十力、四無所畏、四無礙智、十八不共法、六神通，不可思議清淨戒品、定品、智慧品、解脫品、解脫知見品，得佛無上智慧、無上法寶，分布施與一切眾生。』

「時長者女語薩陀波崙：『汝所說者甚為希有，微妙第一，為一一法乃應可捨恒河沙身。善男子！汝今所須金銀、真珠、琉璃、頗梨、琥珀、珊瑚諸好珍寶，及華香、瓔珞、幡蓋、衣服，盡當相與供養曇無竭菩薩，莫自困苦。我今亦欲隨汝至曇無竭菩薩所種諸善根，為得如是清淨法故。」

「爾時釋提桓因即復其身，在薩陀波崙菩薩前立，作是言：『善哉！善哉！善男子！汝心堅固，愛法如是。過去諸佛行菩薩道時，亦如汝今求聞般若波羅蜜方便，得阿耨多羅三藐三菩提。善男子！我實不須人心血髓，故來相試，汝願何等？當以相與。』

「薩陀波崙言：『與我阿耨多羅三藐三菩提。』

「釋提桓因言：『我無此也，諸佛世尊乃能辦之。更求餘願，當以相與。』

「薩陀波崙言：『汝於此中若無力者，還使我身平復如故。』

「薩陀波崙身即平復無有瘡瘢，於是釋提桓因忽然不現。時長者女語薩陀波崙菩薩言：『可至我舍，當白父母求索財寶，為聞法故供養曇無竭菩薩。』

「薩陀波崙菩薩與長者女俱到其舍，長者女入白父母言：『與我華香、瓔珞、種種衣服及諸寶物，願聽我身并先所給五百侍女與薩陀波崙菩薩共往供養曇無竭菩薩，曇無竭菩薩當為我說法，以是法故，我等當得諸佛之法。』

「父母語女言：『薩陀波崙菩薩今在何處？』

「女言：『今在門外。是人發心求阿耨多羅三藐三菩提，欲度一切無量衆生生死苦惱，為愛法故欲自賣身而無買者，憂愁啼哭立在一處，作是言：「我欲賣身而無買者。」時一婆羅門作是言：「汝今何故欲自賣身？」答言：「我愛法故欲供養曇無竭菩薩，我當從彼得諸佛法。」婆羅門言：「我不須人，今欲大祠，當須人心、人血、人髓。」即時是人心大歡喜，手執利刀刺臂出血，復割右髀，欲破骨出髓。我在閣上遙見此事，心自念言：「是人何故困苦其身？當往問之。」我即往問，答我言：「我以貧窮無有財寶，欲賣心血髓與婆羅門。」我時問言：「善男子！持是財物欲作何等？」答我言：「為愛法故供養曇無竭菩薩。」我復問言：「善男子！汝於是中得何等利？」答我言：「我於是中當得無量不可思議功德之利。」我聞是無量不可思議諸佛功德，心大歡喜，作是念：「是善男子甚為希有，乃能自受如是苦惱，為愛法故尚能捨身，我當云何不供養法！我今多有財物，於是事中當發大願。」我時語言：「善男子！汝莫如是困苦其身，我當多與財物供養曇無竭菩薩，我亦隨汝至曇無竭菩薩所欲自供養，我亦欲得無上佛法。」如上所說，父母今當聽我隨是善男子及給財物供養曇無竭菩薩。』

「父母報言：『汝所讚者希有難及，是人一心念法，一切世界*最勝☆第一，必能安樂一切衆生，是人能求難事，我今聽汝隨去，我等亦欲見曇無竭菩薩。』

「是女為供養曇無竭菩薩故，白父母言：『我不敢斷人功德。』

「是女即時莊嚴五百乘車，敕五百侍女亦皆莊嚴，持種種色華、種種色衣、種種雜香、末香、塗香、金銀、寶華、種種雜色妙好瓔珞、諸美飲食，與薩陀波崙菩薩各載一車，五百侍女恭敬圍繞漸漸東行。遙見衆香城，其城七重七寶莊嚴，甚可愛樂，有七重塹，七重行樹，其城縱廣十二由旬，豐樂安靜人民熾盛，五百街巷端嚴如畫，橋津如地寬博清淨。⊙遙見曇無竭菩薩於城中央法座上坐，無量百千萬衆圍繞說法，心即歡喜，譬如比丘得第三禪。見已作是念：『我等不應載車趣曇無竭菩薩。』即皆下車步進。薩陀波崙與五百侍女恭敬圍繞，各持種種莊嚴諸物俱詣曇無竭菩薩所。

「曇無竭菩薩所有七寶臺，牛頭栴檀而以校飾，真珠羅網寶鈴間錯，四角各懸明珠以為光明，有四白銀香爐，燒黑沈水供養般若波羅蜜。其寶臺中有七寶大床，床上有四寶函，以真金鍱書般若波羅蜜置是函中，其臺四邊垂諸寶幡。爾時薩陀波崙菩薩與五百侍女遙見妙臺，種種珍寶以為校飾，又見釋提桓因與無量百千諸天以天曼陀羅華、天金銀華、天栴檀華以散臺上，天於空中作諸伎樂，即問釋提桓因：『憍尸迦！汝以何故與諸天眾以天曼陀羅華、天金銀華、天栴檀華散此臺上，於虛空中作諸伎樂？』

「釋提桓因答言：『善男子！汝不知耶？有法名摩訶般若波羅蜜，是諸菩薩母，菩薩於是中學，當得盡諸功德一切佛法，疾得薩婆若。』

「薩陀波崙言：『憍尸迦！摩訶般若波羅蜜是諸菩薩摩訶薩母，為在何處？我今欲見。』

「『善男子！在此七寶篋中黃金鍱上，曇無竭菩薩七處印之，我不得示汝。』

「爾時薩陀波崙菩薩與五百女人，各持種種華香、瓔珞、幡蓋、衣服、金銀珍寶，以半供養般若波羅蜜，以半供養曇無竭菩薩，薩陀波崙菩薩以種種花香、瓔珞、幡蓋、衣服、金銀寶花，作諸伎樂，供養般若波羅蜜已，向曇無竭菩薩所，復以種種華香、瓔珞、碎末栴檀、金銀寶華供養法故，散曇無竭菩薩上，即住虛空合成寶蓋，其蓋四邊垂寶幡。薩陀波崙菩薩及五百女人見此神力，心大歡喜，作是念：『未曾有也，曇無竭大師神力乃爾！未成佛道神通之力尚能如是，況得阿耨多羅三藐三菩提！』

「時五百女人敬重曇無竭菩薩故，皆發阿耨多羅三藐三菩提心：『我等以是善根因緣，於未來世當得作佛。行菩薩道時亦得如是功德，如今曇無竭菩薩。供養恭敬尊重般若波羅蜜，為人演說，成就方便力，亦如曇無竭菩薩。』

「薩陀波崙及五百女人頭面禮曇無竭菩薩足，合掌恭敬，卻住一面，薩陀波崙白曇無竭菩薩言：『我本求般若波羅蜜時，於空林中聞空中聲言：「善男子！

從是東行，當得聞般若波羅蜜。」我即東行，東行不久便作是念：「我云何不問空中聲，去當遠近？從誰得聞般若波羅蜜？」憂愁懊惱即住七日，不念飲食及世俗事，但念般若波羅蜜：「我云何不問空中聲，去當遠近？從誰得聞？」即時佛像現在我前，作是言：「善男子！從是東行五百由旬，有城名眾香城，中有菩薩名曇無竭，為諸大眾說般若波羅蜜，汝於是中當得聞般若波羅蜜。」我於是處一切法中生無依止想，亦得無量諸三昧門，我住是諸三昧，即見十方諸佛為諸大眾說般若波羅蜜，諸佛讚我言：「善哉！善哉！善男子！我等本行菩薩道時亦得是諸三昧，住是諸三昧中，能成就諸佛法。」諸佛安慰示教我已，皆不復現。我從諸三昧覺已，作是念：「諸佛從何所來？去至何所？」不知諸佛來去因緣故，即作是念：『曇無竭菩薩已曾供養過去諸佛，深種善根，善學方便，必能為我說諸佛從何所來，去至何所？』惟願大師今當為我說諸佛從何所來，去至何所？令我常得不離見佛。』」

*小品般若波羅蜜經☆曇無竭品第二十八

「爾時曇無竭菩薩語薩陀波崙菩薩言：『善男子！諸佛無所從來，去無所至。何以故？諸法如不動故，諸法如即是如來。善男子！無生無來無去，無生即是如來。實際無來無去，實際即是如來。空無來無去，空即是如來。斷無來無去，斷即是如來。離無來無去，離即是如來。滅無來無去，滅即是如來。虛空性無來無去，虛空性即是如來。善男子！離是諸法無有如來，是諸法如、諸如來如皆是一如，無二無別。善男子！是如唯一，無二無三，離諸數無所有。善男子！譬如春末後月，日中熱時見野馬動，愚夫逐之謂當得水。善男子！於意云何？是水從何所來？為從東海來？南、西、北海來？』

「薩陀波崙白大師言：『焰中尚無有水，況有來處去處？但是愚人無有智故於無水中而生水想，實無有水。』

「『善男子！若有人以如來身色音聲而生貪著，如是人等分別諸佛有去來相，當知是等愚癡無智，如無水中而生水想。何以故？諸佛如來不應以色身見，諸佛如來皆是法身故。善男子！諸法實相無來無去，諸佛如來亦復如是。善男子！譬如幻師幻作象兵、馬兵、車兵、步兵，無來無去，當知諸佛無來無去亦復如是。善男子！如人夢中見有如來，若一、若二、若十、若二十、若五十、若百、若過百數，覺已乃至不見有一如來。善男子！於意云何？是諸如來從何所來？去至何所？』

「薩陀波崙白大師言：『夢無定法，皆是虛妄。』

「『善男子！如來說一切法皆虛妄如夢，若不知諸法虛妄如夢，是人但以色身名字語言章句而生貪著，如是人等分別諸佛而有來去，不知諸法相故。若人於佛分別來去，當知是人凡夫無智，數受生死往來六道，離般若波羅蜜，離於佛法。善男子！若能如實知佛所說，一切諸法虛妄如夢，是人於法則不分別若來若去、若生若滅。若不分別，是人則以諸法實相而觀如來。若以法相知如來者，是人則不分別如來若來若去。若能如是知諸法相，是人則行般若波羅蜜，近阿耨多羅三藐三菩提。是名真佛弟子，不虛受人信施，是為世*間福田。善男子！譬如海中種種珍寶，不從東方來，南、西、北方、四維、上下來，衆生福業因緣海生此寶，非無因而有。諸寶滅時亦不至十方，以衆緣合則有，衆緣滅則無。善男子！諸如來身亦復如是，無有定法，不從十方來，亦不無因而有，以本行報生，衆緣合則有，衆緣滅則無。善男子！譬如箜篌音聲，無所從來去無所至，屬衆因緣，有絃、有槽、有棍，有人以手鼓之，衆緣合故則有聲，是聲不從絃出、槽出、棍出、手出，衆緣合則有聲，而無所從來，衆緣散則滅，而無所至。善男子！諸如來身亦復如是，屬衆因緣，無量福德之所成就，不從一因緣一福德，亦不無因無緣而有，以衆緣合則有，而無所從來，衆緣散則滅，而去無所至。善男子！應當如是觀諸如來來去之相，亦應如是觀諸法相。善男子！汝若⊙能如是觀諸如來及一切法，無來無去，無生無滅，必至阿耨多羅三藐三菩提，亦得了達般若波羅蜜方便。』

「說是如來無來無去法時，三千大千世界地大震動，諸天宮殿亦皆震動，諸魔宮殿皆不復現，三千大千世界草木華樹悉皆傾向曇無竭菩薩⊙摩訶薩☆，諸樹皆出非時妙華，釋提桓因及四天王於虛空中雨天名華、天末旃檀，散曇無竭菩薩上，語薩陀波崙菩薩言：『因仁者故我等今日聞第一義，一切世界所難值遇，貪身見者所不能及。』

「爾時薩陀波崙菩薩白曇無竭菩薩：『何因緣故地大震動？』

「曇無竭言：『以汝向問是諸如來無來無去，我答汝時，有八千人得無生法忍，八十那由他眾生發阿耨多羅三藐三菩提心，八萬四千眾生遠塵離垢於諸法中得法眼淨。』

「薩陀波崙菩薩心即歡喜，作是念：『我今則為大得善利！聞般若波羅蜜中無來無去，利益如是無量眾生，我之善根已為具足，於阿耨多羅三藐三菩提心無疑悔，必當作佛。』

「薩陀波崙聞法生歡喜因緣，即昇虛空高七多羅樹，作是念：『我今當以何物供養曇無竭菩薩？』

「釋提桓因知薩陀波崙心所念，即以天曼陀羅華與薩陀波崙，作是言：『汝以是花供養曇無竭菩薩。善男子！我等應助成汝，以汝因緣故利益無量眾生。善男子！如是之人甚*為難☆值，能為一切眾生故，於無量阿僧祇劫往來生死。』

「爾時薩陀波崙菩薩受釋提桓因曼陀羅華，散曇無竭菩薩上，從虛空下頭面作禮，白大師言：『我從今日以身供給奉上大師。』

「作是語已，合掌一面立。爾時長者女及五百侍女白薩陀波崙菩薩言：『我等今者以身奉上，持是善根因緣，當得如是善法，世世常共供養諸佛，常相親近。』

「薩陀波崙菩薩報諸女言：『汝若以身與我，誠心隨我行者，我當受汝。』

「諸女白言：『我等誠心以身奉上，當隨所行。』

「爾時薩陀波崙菩薩與五百女人并諸寶物莊嚴之具及五百乘車，奉上曇無竭菩薩，白言大師：『以是五百女人奉給大師，五百乘車隨意所用。』

「爾時釋提桓因讚薩陀波崙菩薩言：『善哉！善哉！菩薩摩訶薩應如是學一切捨法。菩薩有是一切捨者，則能疾得阿耨多羅三藐三菩提。諸菩薩為聞般若波羅蜜及方便故，應如汝今供養於師。過去諸佛本行菩薩道時，亦皆如汝住是捨中，為般若波羅蜜供養於師，為聞般若波羅蜜及方便故，得阿耨多羅三藐三菩提。』

「爾時曇無竭菩薩欲令薩陀波崙菩薩善根具足故，受五百女人及五百乘車，受已還與薩陀波崙，從坐而起還入宮中。是時日沒，薩陀波崙菩薩作是念：『我為法來不應坐臥，當以二事若行、若立，以待法師出宮說法。』

「爾時曇無竭菩薩七歲常入菩薩無量三昧無量般若波羅蜜及方便觀薩陀波崙菩薩，滿七歲中若行、若立離於睡眠，不念於欲，不念美味，但念：『曇無竭菩薩何時當從禪起？我當為敷法座，曇無竭菩薩當坐說法，我當掃灑令地清淨，布種種華，曇無竭菩薩當說般若波羅蜜及方便。』時長者女及五百女人亦皆七歲隨薩陀波崙菩薩所行之事。

「爾時薩陀波崙菩薩聞空中聲言：『善男子！曇無竭菩薩却後七日從三昧起，當於城中法座上說法。』

「薩陀波崙菩薩聞空中聲，心大歡喜，與五百女人欲為曇無竭菩薩敷大法座。是時諸女各脫上衣以為法座，作是念：『曇無竭菩薩當坐此座說般若波羅蜜及方便。』

「薩陀波崙菩薩欲灑法座處地，求水不得，惡魔隱蔽令水不現，作是念：『薩陀波崙求水不得，或當憂悔心動變異，善根不增智慧不照。』

「薩陀波崙求水不得，即作是念：『我當刺身出血以用灑地。何以故？此中塵土坌於大師，我今何用此身？此身不久必當壞敗，我寧為法以滅於身，終不空死！又我常以五欲因緣喪無數身，往來生死，未曾得為如是法也。』

「薩陀波崙即以利刀周遍刺身，以血灑地。五百女人亦効薩陀波崙菩薩，各各刺身以血灑地。薩陀波崙菩薩及五百女人乃至一念無有異心，魔不能壞障其善根。爾時釋提桓因作是念：『未曾有也！薩陀波崙菩薩愛法堅固，發大莊嚴不惜身命，深心趣於阿耨多羅三藐三菩提，當得阿耨多羅三藐三菩提，度脫無量眾生生死苦惱。』

「即時釋提桓因變灑地血為天赤栴檀水，法座四邊①百由旬天栴檀氣流布遍滿。釋提桓因讚言：『善哉！善哉！善男子！汝精進力不可思議，愛法求法最為無上。善男子！過去諸佛亦皆如是，深心精進，愛法求法，以此修集阿耨多羅三藐三菩提。』

「爾時薩陀波崙作是念：『我為曇無竭菩薩已敷法座，掃灑清淨，當於何所得好名華莊嚴此地，曇無竭菩薩在座說法當以供養？』

「釋提桓因知薩陀波崙心所念，即以三千石天曼陀羅華與薩陀波崙菩薩，作是言：『善男子！取是曼陀羅華莊嚴此地，供養曇無竭菩薩。』

「薩陀波崙菩薩受此華已，以半散地，以半供養曇無竭菩薩。爾時曇無竭菩薩過七日已，從三昧起，與無量百千萬眾恭敬圍繞趣法座所，坐法座上說般若波羅蜜。薩陀波崙見曇無竭菩薩心大喜樂，譬如比丘入第三禪。爾時薩陀波崙及五百女人散華供養，頭面禮足却坐一面，曇無竭菩薩因薩陀波崙，為大眾說言：『諸法等故般若波羅蜜亦等，諸法離故般若波羅蜜亦離，諸法不動故般若波羅蜜亦不動，諸法無念故般若波羅蜜亦無念，諸法無畏故般若波羅蜜亦無畏，諸法一味故般若波羅蜜亦一味，諸法無邊故般若波羅蜜亦無邊，諸法無生故般若波羅蜜亦無生，諸法無滅故般若波羅蜜亦無滅，如虛空無邊般若波羅蜜亦無邊，如大海無邊般若波羅蜜亦無邊，如須彌山莊嚴般若波羅蜜亦莊嚴，如虛空無分別般若波羅蜜亦無分別，色無邊故般若波羅蜜亦無邊，受、想、行、識無邊故般若波羅蜜無邊，地種無邊故般若波羅蜜無邊，水種、火種、風種、空種無邊故般若波羅蜜無邊，如金剛等故般若波羅蜜亦等，諸法無壞故般若波羅蜜無壞，諸法性不可得故般若波羅蜜性不可得，諸法無等故般若波羅蜜無等，諸法無所作故般若波羅蜜無所作，諸法不可思議故般若波羅蜜不可思議。』

「是時薩陀波崙菩薩即於坐所得諸法等三昧，諸法離三昧、諸法不動三昧、諸法無念三昧、諸法無畏三昧、諸法一味三昧、諸法無邊三昧、諸法無生三昧、諸法無滅三昧、虛空無邊三昧、大海無邊三昧、須彌山莊嚴三昧、①虛空無分別三昧、色無邊三昧、受想行識無邊三昧、地種無邊三昧、水種火種風種空種無邊三昧、如金剛等三昧、諸法不壞三昧、諸法性不可得三昧、諸法無等三昧、諸法無所作三昧、諸法不可思議三昧、得如是等六百萬三昧。

*小品般若波羅蜜經☆囑累品第二十九

爾時佛告須菩提：「薩陀波崙菩薩得六百萬三昧門已，即見如十方如恒河沙等世界諸佛，與大比丘眾恭敬圍繞，皆以是文字章句相貌說般若波羅蜜，如我今於此三千大千世界與諸大眾恭敬圍繞，以是文字章句相貌說般若波羅蜜。薩陀波崙從是已後，多聞智慧不可思議，如大海水，世世所生不離諸佛，現在諸佛常生其所，一切眾難皆悉得斷。須菩提！當知是般若波羅蜜因緣能具足菩薩道，是故諸菩薩若欲得一切智慧，應當信受般若波羅蜜，讀誦正憶念，如說修行，廣為人說，亦當了了書寫經卷，供養恭敬尊重讚歎華香、瓔珞、末香、塗香、幡蓋、伎樂等，則是我教。」

爾時佛告阿難：「於意云何？佛是汝大師不？」

「世尊！佛是我大師，如來是我大師。」

佛告阿難：「我是汝大師，汝是我弟子，汝以身、口、意業於今現在供養恭敬尊重於我，我滅度後汝當以是供養恭敬尊重般若波羅蜜。」

第二、第三亦如是說：「我以般若波羅蜜囑累於汝，慎莫忘失，莫作最後斷種人也！阿難！隨爾所時般若波羅蜜在世，當知爾所時有佛在世說法。阿難！若有書寫般若波羅蜜，受持讀誦正憶念，如所說行，廣為人說，供養恭敬尊重讚歎華香乃至伎樂，當知是人不離見佛，不離聞法，常親近佛。」

佛說般若波羅蜜已，彌勒等諸菩薩摩訶薩，舍利弗、須菩提、目揵連、摩訶迦葉等諸聲聞衆，一切世間天、人、阿修羅等，聞佛所說，歡喜信受。

小品般若波羅蜜經卷第十

南無護法韋馱尊天菩薩

〈佛菩薩經典系列〉

佛菩薩經典的集成，是秉持對諸佛菩薩的無上仰敬，祈望將他們的慈悲、智慧、聖德、本生及修證生活，完滿的呈現在真正修行的佛子之前。使皈依於他們的人，能夠擁有一本隨身指導修行的經典匯集，能時時親炙於他們的法身智慧；讓大家就宛如隨時擁有一座諸佛菩薩專屬的教化殿堂，完成「生活即佛經、佛經即生活」的希望。

本套經典系列設計精美，經文全部採用新式分段、標點，以方便讀者能迅速掌握經典的義理。現在，我們將這一個成果，供養給偉大的諸佛菩薩，也將之呈獻給所有熱愛佛典的大眾。

全佛文化圖書出版目錄

佛教小百科系列

佛菩薩的圖像解說1-總論•佛部	320
佛菩薩的圖像解說2-菩薩部•觀音部•明王部	280
密教曼荼羅圖典1-總論•別尊•西藏	240
密教曼荼羅圖典2-胎藏界上	300
密教曼荼羅圖典2-胎藏界中	350
密教曼荼羅圖典2-胎藏界下	420
密教曼荼羅圖典3-金剛界上	260
密教曼荼羅圖典3-金剛界下	260
佛教的真言咒語	330
天龍八部	350
觀音寶典	320
財寶本尊與財神	350
消災增福本尊	320
長壽延命本尊	280
智慧才辯本尊	290
令具威德懷愛本尊	280
佛教的手印	290
密教的修法手印-上	350
密教的修法手印-下	390
簡易學梵字(基礎篇)-附CD	250
簡易學梵字(進階篇)-附CD	300
佛教的法器	290
佛教的持物	330
佛教的塔婆	290
中國的佛塔-上	240
中國的佛塔-下	240
西藏著名的寺院與佛塔	330
佛教的動物-上	220
佛教的動物-下	220
佛教的植物-上	220
佛教的植物-下	220
佛教的蓮花	260
佛教的香與香器	280
佛教的神通	290
神通的原理與修持	280
神通感應錄	250
佛教的念珠	220
佛教的宗派	295
佛教的重要經典	290
佛教的重要名詞解說	380
佛教的節慶	260
佛教的護法神	320
佛教的宇宙觀	260
佛教的精靈鬼怪	280
密宗重要名詞解說	290
禪宗的重要名詞解說-上	360
禪宗的重要名詞解說-下	290
佛教的聖地-印度篇	200

佛菩薩經典系列

阿彌陀佛經典	350
藥師佛•阿閦佛經典	220
普賢菩薩經典	180
文殊菩薩經典	260
觀音菩薩經典	220
地藏菩薩經典	260
彌勒菩薩•常啼菩薩經典	250
維摩詰菩薩經典	250
虛空藏菩薩經典	350
無盡意菩薩•無所有菩薩經典	260

修行道地經典系列

大方廣佛華嚴經(10冊)	1600
長阿含經(4冊)	600
增一阿含經(7冊)	1050
中阿含經(8冊)	1200
雜阿含經(8冊)	1200

佛法常行經典系列

- □ 妙法蓮華經 260
- □ 悲華經 260
- □ 小品般若波羅密經 220
- □ 金光明經‧金光明最勝王經 280
- □ 楞伽經‧入楞伽經 360
- □ 楞嚴經 200
- □ 大乘本生心地觀經‧勝鬘經‧如來藏經 200
- □ 解深密經‧大乘密嚴經 200
- □ 大日經 220
- □ 金剛頂經‧金剛頂瑜伽念誦經 200

三昧禪法經典系列

- □ 念佛三昧經典 260
- □ 般舟三昧經典 220
- □ 觀佛三昧經典 220
- □ 如幻三昧經典 250
- □ 月燈三昧經典(三昧王經典) 260
- □ 寶如來三昧經典 250
- □ 如來智印三昧經典 180
- □ 法華三昧經典 260
- □ 坐禪三昧經典 250
- □ 修行道地經典 250

佛經修持法系列

- □ 如何修持心經 200
- □ 如何修持金剛經 260
- □ 如何修持阿彌陀經 200
- □ 如何修持藥師經-附CD 280
- □ 如何修持大悲心陀羅尼經 220
- □ 如何修持阿閦佛國經 200
- □ 如何修持華嚴經 290
- □ 如何修持圓覺經 220
- □ 如何修持法華經 220
- □ 如何修持楞嚴經 220

守護佛菩薩系列

- □ 釋迦牟尼佛-人間守護主 240
- □ 阿彌陀佛-平安吉祥 240
- □ 藥師佛-消災延壽(附CD) 260
- □ 大日如來-密教之主 250
- □ 觀音菩薩-大悲守護主(附CD) 280
- □ 文殊菩薩-智慧之主(附CD) 280
- □ 普賢菩薩-廣大行願守護主 250
- □ 地藏菩薩-大願守護主 250
- □ 彌勒菩薩-慈心喜樂守護主 220
- □ 大勢至菩薩-大力守護主 220
- □ 準提菩薩-滿願守護主(附CD) 260
- □ 不動明王-除障守護主 220
- □ 虛空藏菩薩-福德大智守護(附CD) 260
- □ 毘沙門天王-護世財寶之主(附CD) 280

輕鬆學佛法系列

- □ 遇見佛陀-影響百億人的生命導師 200
- □ 如何成為佛陀的學生-皈依與受戒 200
- □ 佛陀的第一堂課-四聖諦與八正道 200
- □ 業力與因果-佛陀教你如何掌握自己的命運 220

生命大學系列

- □ 關於前世、今生與來世 240
- □ 關於決定自己的未來 240
- □ 心性修鍊的八堂課 280
- □ 關於宇宙的實相 280
- □ 關於死亡與轉世之路 250
- □ 關於結婚後的我們 240
- □ 關於愛情的密碼 200

洪老師禪座教室系列

- ☐ 靜坐-長春.長樂.長效的人生 200
- ☐ 放鬆(附CD) 250
- ☐ 妙定功-超越身心最佳功法(附CD) 260
- ☐ 妙定功VCD 295
- ☐ 睡夢-輕鬆入眠•夢中自在(附CD) 240
- ☐ 沒有敵者-強化身心免疫力的修鍊法(附CD) 280
- ☐ 夢瑜伽-夢中作主.夢中變身 260
- ☐ 如何培養定力-集中心靈的能量 200

禪生活系列

- ☐ 坐禪的原理與方法-坐禪之道 280
- ☐ 以禪養生-呼吸健康法 200
- ☐ 內觀禪法-生活中的禪道 290
- ☐ 禪宗的傳承與參禪方法-禪的世界 260
- ☐ 禪的開悟境界-禪心與禪機 240
- ☐ 禪宗奇才的千古絕唱-永嘉禪師的頓悟 260
- ☐ 禪師的生死藝術-生死禪 240
- ☐ 禪師的開悟故事-開悟禪 260
- ☐ 女禪師的開悟故事(上)-女人禪 220
- ☐ 女禪師的開悟故事(下)-女人禪 260
- ☐ 以禪療心-十六種禪心療法 260

密乘寶海系列

- ☐ 現觀中脈實相成就-開啟中脈實修秘法 290
- ☐ 智慧成就拙火瑜伽 330
- ☐ 蓮師大圓滿教授講記-藏密寧瑪派最高解脫法門 220
- ☐ 密宗的源流-密法內在傳承的密意 240
- ☐ 恆河大手印-傾瓶之灌的帝洛巴恆河大手印 240
- ☐ 岡波巴大手印-大手印導引顯明本體四瑜伽 390
- ☐ 大白傘蓋佛母-息災護佑行法(附CD) 295
- ☐ 密宗修行要旨-總攝密法的根本要義 430
- ☐ 密宗成佛心要-今生即身成佛的必備書 240
- ☐ 無死 超越生與死的無死瑜伽 200
- ☐ 孔雀明王行法-摧伏毒害煩惱 260
- ☐ 月輪觀•阿字觀-密教觀想法的重要基礎 350
- ☐ 穢積金剛-滅除一切不淨障礙 290
- ☐ 五輪塔觀-密教建立佛身的根本大法 290
- ☐ 密法總持-密意成就金法總集 650
- ☐ 密勒日巴大手印-雪山空谷的歌聲，開啟生命智慧之心 480

其他系列

- ☐ 入佛之門-佛法在現代的應用智慧 350
- ☐ 普賢法身之旅-2004美東弘法紀行 450
- ☐ 神通-佛教神通學大觀 590
- ☐ 認識日本佛教 360
- ☐ 華嚴經的女性成就者 480
- ☐ 準提法彙 200
- ☐ 地藏菩薩本願經與修持法 320
- ☐ 仁波切我有問題-一本關於空的見地、禪修與問答集 240
- ☐ 萬法唯心造-金剛經筆記 230
- ☐ 菩薩商主與卓越企業家 280
- ☐ 禪師的手段 280
- ☐ 覺貓悟語 280

女佛陀系列

- ☐ 七優曇華-明末清初的女性禪師(上) 580
- ☐ 七優曇華-明末清初的女性禪師(下) 400

禪觀寶海系列

- ☐ 禪觀秘要 1200
- ☐ 首楞嚴三昧-降伏諸魔的大悲勇健三昧 420

高階禪觀系列

- ☐ 通明禪禪觀-迅速開啟六種神通的禪法 200
- ☐ 十種遍一切處禪觀-調練心念出生廣大威力的禪法 280
- ☐ 四諦十六行禪觀-佛陀初轉法輪的殊勝法門 350
- ☐ 三三昧禪觀-證入空、無相、無願三解脫門的禪法 260
- ☐ 大悲如幻三昧禪觀-修行一切菩薩三昧的根本 380
- ☐ 圓覺經二十五輪三昧禪觀-二十五種如來圓覺境界的禪法 400

蓮花生大士全傳系列

- ☐ 蓮花王 320
- ☐ 師子吼聲 320
- ☐ 桑耶大師 320
- ☐ 廣大圓滿 320
- ☐ 無死虹身 320
- ☐ 蓮花生大士祈請文集 280

光明導引系列

- ☐ 阿彌陀經臨終光明導引-臨終救度法 350
- ☐ 送行者之歌(附國台語雙CD) 480

淨土修持法

- ☐ 蓮花藏淨土與極樂世界 350
- ☐ 菩薩的淨土 390
- ☐ 諸佛的淨土 390
- ☐ 三時繫念佛事今譯 250

佛家經論導讀叢書系列

- ☐ 雜阿含經導讀-修訂版 450
- ☐ 異部宗論導讀 240
- ☐ 大乘成業論導讀 240
- ☐ 解深密經導讀 320
- ☐ 阿彌陀經導讀 320
- ☐ 唯識三十頌導讀-修訂版 520
- ☐ 唯識二十論導讀 300
- ☐ 小品般若經論對讀-上 400
- ☐ 小品般若經論對讀-下 420
- ☐ 金剛經導讀 220
- ☐ 心經導讀 160
- ☐ 中論導讀-上 420
- ☐ 中論導讀-下 380
- ☐ 楞伽經導讀 400
- ☐ 法華經導讀-上 220
- ☐ 法華經導讀-下 240
- ☐ 十地經導讀 350
- ☐ 大般涅槃經導讀-上 280
- ☐ 大般涅槃經導讀-下 280
- ☐ 維摩詰經導讀 220
- ☐ 菩提道次第略論導讀 450
- ☐ 密續部總建立廣釋 280
- ☐ 四法寶鬘導讀 200
- ☐ 因明入正理論導讀-上 240
- ☐ 因明入正理論導讀-下 200

密法傳承系列

- ☐ 天法大圓滿掌中佛前行講義中疏 680

幸福地球系列

- ☐ 幸福是什麼？不丹總理吉美‧廷禮國家與個人幸福26講 380

離言叢書系列

☐ 解深密經密意	390	☐ 無邊莊嚴會密意	190
☐ 如來藏經密意	300	☐ 勝鬘師子吼經密意	340
☐ 文殊師利二經密意	420	☐ 龍樹二論密意	260
☐ 菩提心釋密意	230	☐ 大乘密嚴經密意	360
☐ 龍樹讚歌集密意	490	☐ 大圓滿直指教授密意	290

談錫永作品系列

☐ 閒話密宗	200	☐ 佛家名相	220
☐ 西藏密宗占卜法-妙吉祥占卜法（組合）	790	☐ 密宗名相	220
		☐ 佛家宗派	220
☐ 細說輪迴生死書-上	200	☐ 佛家經論-見修法鬘	180
☐ 細說輪迴生死書-下	200	☐ 生與死的禪法	260
☐ 西藏密宗百問-修訂版	210	☐ 細說如來藏	280
☐ 觀世音與大悲咒-修訂版	190	☐ 如來藏三談	300

大中觀系列

☐ 四重緣起深般若-增訂版	420	☐ 如來藏論集	330
☐ 心經內義與究竟義-印度四大論師釋《心經》	350	☐ 如來藏二諦見	360
		☐ 聖妙吉祥真實名經梵本校譯	390
☐ 聖入無分別總持經對堪及研究	390	☐ 聖妙吉祥真實名經釋論三種	390
☐ 《入楞伽經》梵本新譯	320	☐ 《辨中邊論釋》校疏	400
☐ 《寶性論》梵本新譯	320		

甯瑪派叢書-見部系列

☐ 九乘次第論集-佛家各部見修差別	380	☐ 無修佛道-現證自性大圓滿本來面目教授	360
☐ 甯瑪派四部宗義釋	480	☐ 幻化網秘密藏續釋-光明藏	560
☐ 辨法法性論及釋論兩種	480	☐ 善說顯現喜宴-甯瑪派大圓滿教法	650
☐ 決定寶燈	480	☐ 勝利天鼓雷音-金剛乘教法史	1040

甯瑪派叢書-修部系列

☐ 大圓滿心性休息導引	395	☐ 幻化網秘密藏續	480
☐ 大圓滿前行及讚頌	380	☐ 六中有自解脫導引	520

藏傳佛教叢書系列

☐ 章嘉國師(上)-若必多吉傳	260	☐ 西藏生死導引書(下)-六種中陰的實修教授	220
☐ 章嘉國師(下)-若必多吉傳	260		
☐ 紅史	360	☐ 西藏不分教派運動大師	390
☐ 蒙古佛教史	260	☐ 西藏_上	360
☐ 西藏生死導引書(上)-揭開生與死的真相	290	☐ 西藏 下	450

頂果欽哲法王文選(雪謙)

- 修行百頌-在俗世修行的101個忠告 260
- 覺醒的勇氣-阿底峽之修心七要 220
- 如意寶-上師相應法
- 你可以更慈悲-頂果欽哲法王說明(菩薩37種修行之道) 350
- 證悟者的心要寶藏-唵嘛呢唄美吽 280
- 成佛之道-殊勝證悟道前行法 250
- 明月-頂果欽哲法王自傳與訪談錄 650
- 明示甚深道：《自生蓮花心髓》前行釋論 300
- 頂果欽哲法王傳-西藏精神(百歲紀念版) 650

精選大師系列(雪謙)

- 遇見•巴楚仁波切-觸動心靈的真心告白 200
- 大藥-戰勝視一切為真的處方 250

格薩爾王傳奇系列

- 格薩爾王傳奇1-神子誕生 280
- 格薩爾王傳奇2-魔國大戰 260
- 格薩爾王傳奇3-奪寶奇謀 280
- 格薩爾王傳奇4-爭霸天下 290
- 格薩爾王傳奇5-萬王之王 280
- 格薩爾王傳奇6-地獄大圓滿 290

山月文化系列

- 西藏繪畫藝術欣賞-平裝本 480
- 西藏繪畫藝術欣賞-精裝本 680
- 西藏傳奇大師密勒日巴唐卡畫傳 580
- 密勒日巴唐卡畫傳(精裝經摺本) 890
- 西藏健身寶卷 390
- 達瓦，一隻不丹的流浪犬 240
- 西藏格薩爾圖像藝術欣賞-上 480
- 西藏格薩爾圖像藝術欣賞-下 480

特殊文化之旅系列

- 西藏吉祥密碼(上)-符號、顏色、動植物 260
- 西藏吉祥密碼(下)-裝飾藝術、圖案、儀式 260
- 西藏的節慶-拉薩篇 399
- 西藏《格薩爾》説唱藝人(附贈超值DVD) 350
- 西藏民間樂器(附贈西藏傳統音樂CD) 350
- 西藏的節慶-各地采風篇 399

達賴喇嘛全傳

- 五世達賴-第一函-上 380
- 五世達賴-第一函-下 390
- 五世達賴-第二函-上 250
- 五世達賴-第二函-下 250
- 五世達賴-第三函-上 220
- 五世達賴-第三函-下 220
- 四世達賴-雲丹嘉措傳 220
- 三世達賴-索南嘉措傳 295
- 二世達賴-根敦嘉措傳 220
- 一世達賴 根敦珠巴傳 250

全套購書85折、單冊購書9折
（郵購請加掛號郵資60元）

全佛文化事業有限公司
新北市新店區民權路95號4樓之1
Buddhall Cultural Enterprise Co.,Ltd.
TEL:886-2-2913-2199
FAX:886-2-2913-3693
匯款帳號：3199717004240
合作金庫銀行大坪林分行
戶名：全佛文化事業有限公司

佛法常行經典系列 4

《小品般若波羅蜜經》

編　者　全佛編輯部
出　版　全佛文化事業有限公司
訂購專線：(02)2913-2199
傳真專線：(02)2913-3693
發行專線：(02)2219-0898
匯款帳號：3199717004240 合作金庫銀行大坪林分行
戶　名：全佛文化事業有限公司
E-mail：buddhall@ms7.hinet.net
http://www.buddhall.com
門　市　新北市新店區民權路95號4樓之1（江陵金融大樓）
門市專線：(02)2219-8189
行銷代理　紅螞蟻圖書有限公司
台北市內湖區舊宗路二段121巷19號（紅螞蟻資訊大樓）
電話：(02)2795-3656
傳真：(02)2795-4100
一九九六年十月　初版
二〇一七年二月　初版二刷
定價　新台幣二二〇元
ISBN　978-957-9462-43-3（平裝）

國家圖書館出版品預行編目資料

小品般若波羅蜜經 / 全佛編輯部主編.
-- 初版. -- 臺北市：全佛文化, 1996 [民85]
面；　公分. -- (佛法常行經典系列：4)

ISBN 978-957-9462-43-3(平裝)

1.般若部
221.41　　85011265

Buddhall

Published by BuddhAll Cultural Enterprise Co.,Ltd.

BuddhAll

BuddhAll.

All is Buddha.

BuddhAll